Franz Prettenthaler (Hg.)

ZUKUNFTSSZENARIEN FÜR DEN VERDICHTUNGSRAUM GRAZ-MARIBOR (LEBMUR)

TEIL A:

ZUM STATUS QUO DER REGION

AutorInnen:

Christine Aumayr
Eric Kirschner
Franz Prettenthaler

Franz Prettenthaler (Hg.)

ZUKUNFTSSZENARIEN FÜR DEN VERDICHTUNGSRAUM GRAZ-MARIBOR (LEBMUR)

TEIL A:

ZUM STATUS QUO DER REGION

AutorInnen:

Christine Aumayr
Eric Kirschner
Franz Prettenthaler

Projektübersicht[*]

Zukunfts-Szenarien für den Verdichtungsraum Graz–Maribor

Projektleitung: Franz Prettenthaler, JOANNEUM RESEARCH

ZUKUNFTSfonds STEIERMARK

Das Projekt Lebensraum Mur (LebMur) entwickelt langfristige Zukunftsszenarien für den Verdichtungsraum Graz-Maribor – wobei je 3 steirische und 3 slowenische Regionen auf der Ebene NUTS 3-auch im Detail untersucht werden. Aufbauend auf eine regionalökonomische Betrachtung des Verdichtungsraumes, einer umfassenden Analyse der Rahmenbedingungen und Methoden zur Untersuchung der künftigen Entwicklung werden drei Hauptszenarien für diesen grenzüberschreitenden Raum erarbeitet. Langfristige Szenarien sind keinesfalls als Prognosen, vielmehr als Bilder einer möglichen Zukunft zu sehen: Nicht die Frage *„Wo genau stehen wir in 20 Jahren?"* ist von zentralem Interesse, vielmehr werden mögliche langfristige Entwicklungspfade – aber auch Visionen – der großräumigen Entfaltung aufgezeigt. In diesem Sinne sind *mögliche* Antworten auf die Frage: *„Wo könnten wir in 20 Jahren sein, wenn ...?"* Gegenstand der vorliegenden Untersuchungen und Analysen.

Teil A: Zum Status quo der Region

Teil	Titel	AutorInnen
A1	Ein Portrait der Region	Kirschner, E., Prettenthaler, F. (2006a)
A2	Eine Region im europäischen Vergleich	Aumayr, Ch. (2006a)
A3	Zum Strukturwandel der Region	Aumayr, Ch. (2006b)
A4	Hypothesen zur künftigen Entwicklung	Aumayr, Ch., Kirschner, E. (2006)

Teil B: Rahmenbedingungen & Methoden

Teil	Titel	AutorInnen
B1	Rahmenbedingungen der gemeinsamen Entwicklung	Kirschner, E., Prettenthaler, F. (2006a)
B2	Grundlagen und Methoden von „Regional-Foresight"	Höhenberger, N., Prettenthaler, F. (2006a)
B3	Grenzüberschreitende „Regional-Foresight"-Prozesse	Zumbusch, Ch. (2005)
B4	Europäische Rahmenszenarien	Höhenberger, N., Prettenthaler, F. (2006b)

Teil C: Die Zukunft denken

Teil	Titel	AutorInnen
C1	Die Synthese	Prettenthaler, F., Höhenberger, N., Kirschner, E. (2007)
C2	Die Szenarien – der Prozess	Prettenthaler, F., Höhenberger, N. (2007)
C2	Die Szenarien – die Ergebnisse im Detail	Höhenberger, N., Kirschner, E., Prettenthaler, F. (2007)

---

[*] Alle Kapitel dieses Buches sind auch als JOANNEUM RESEARCH-InTeReg Working Paper erschienen. Die hier angegebenen Erscheinungsdaten beziehen sich auf diese Publikationen.

Vorwort

Bekanntlich zählt es zu den unleidlichsten Eigenschaften der Zukunft, dass man immer erst hinterher weiß, wie es wirklich gewesen ist. Aber es gehört auch zu den attraktiven Kennzeichen des menschlichen Daseins, dass wir in eine offene Zukunft hineingehen können. Beide Eigenschaften jedoch, die Offenheit der Entwicklung und die Unsicherheit unseres Wissens, sollen nicht zu einem prognostizischen Defätismus führen, demzufolge man die Augen vor dem Horizont der Zukunft fest zu schließen hätte. Schließlich ist man neugierig; manchmal lässt sich doch ein wenig von der Zukunft erahnen; und in manchen Fällen sind Prozesse so langwierig, dass man alle Anstrengungen unternehmen muss, um für die nächsten Jahrzehnte vorzusorgen.

Die Beiratsmitglieder des Zukunftsfonds der steiermärkischen Landesregierung sehen, in Einklang mit der Absicht des Zukunftsfonds-Gesetzes, ihre Aufgabe nicht nur darin, wissenschaftliche und andere Projekte zu fördern, von denen angenommen werden kann, dass sie für das Land Steiermark förderlich und ertragreich sein werden, sondern auch darin, zukünftige Entwicklungswege zu erkunden, zu deren Erreichung und Verbesserung die Anregung, Unterstützung und Begleitung qualifizierter Projekte sinnvoll ist. Deshalb haben wir Impulse für dieses Projekt gesetzt, das sich nunmehr in den drei Ergebnisbänden niederschlägt. Es gibt auch für die Politik Eingriffs- und Gestaltungsnotwendigkeiten, die es erfordern, Szenarien durchzuspielen – in diesem Falle Szenarien für die Entwicklung einer für den steirischen Raum eminent wichtigen Region, zugleich einer Brücke in den südosteuropäischen Raum.

Wenn solche Szenarien informativ sein sollen, so müssen sie erstens umfassend sein; denn so viel haben wir gelernt, dass viele Politikbereiche zusammenhängen, Land und Stadt, Energie und Verkehr, Umwelt und Siedlungsstrukturen, Arbeit und Wohnen und vieles andere. Sie müssen zweitens weitreichend sein, sich also zumindest über ein paar Jahrzehnte erstrecken; denn manche „Bremswege" oder „Wendekreise" gestalterischer Strategien sind ungeheuer lang. Und sie müssen interdisziplinär angelegt sein; denn man benötigt das ganze Instrumentarium verschiedener moderner Wissenschaften, um die zukünftigen Optionen auszuloten. Die Zukunft ist zu wichtig, um sie allein dem Zufall zu überlassen – auch wenn wir erst hinterdrein über die Details Bescheid wissen mögen.

Univ.Prof. Mag. Dr. Manfred Prisching
(Vorsitzender des Expertenbeirates Zukunftsfonds Steiermark)

Einleitung

Zukunftsszenarien für eine Region ohne gründliche Analyse der Gegenwart können nicht viel Wert sein, weil bestehende naturräumliche Ausstattungen bzw. bauliche Strukturen, aber auch das Wissen der hier lebenden Menschen bzw. die Vernetzung der lokalen Firmen mit den spezifischen Zulieferbetrieben massiv die heutigen Pläne und Vorhaben beeinflussen. Wer das Beharrungspotenzial dieser Strukturen für die künftige Entwicklung einzuschätzen vermag und gleichzeitig mit analytischer Genauigkeit und Sensibilität gegenwärtige Trends zu identifizieren und deuten weiß, kann noch nicht vorhersagen, an welchen Weggabelungen sich eine künftige Gesellschaft für ihren Weg entscheidet, aber das „Straßennetz" – d.h. der Raum des Möglichen für eine Region – kann doch schon mit ziemlicher Genauigkeit abgeschätzt werden. Wie langlebig ökonomische Strukturen auch über Systembrüche hinweg sind, belegen nicht zuletzt die benachbarten Regionen dies- und jenseits der ehemaligen Systemgrenze, die ganz Europa für ein halbes Jahrhundert durchzogen hat. Trotz der unterschiedlichen wirtschaftlichen Entwicklungsniveaus ist es erstaunlich, wie ähnlich sich die unmittelbaren Nachbarregionen trotz jahrzehntelanger Ausrichtung auf unterschiedliche Märkte geblieben sind.

Der Analyse dieser Phänomene, des Status quo des Verdichtungsraumes Graz-Maribor mit seiner Ausstattung an Menschen, Umweltbedingungen und wirtschaftlichen Strukturen, aber auch dem derzeit beobachtbaren strukturellen Wandel – etwa im Vergleich mit anderen europäischen Regionen ähnlicher Prägung – ist dieses Buch, der Teil A einer dreibändigen Serie gewidmet.

Teil A1 beginnt mit der besonderen Herausforderung, die im seriösen Vergleich von Regionen über Staatsgrenzen hinweg liegt, um Gemeinsamkeiten erkennen zu können und wirkliche Unterschiede, die nicht nur durch unterschiedliche statistische Erhebungsmethoden bedingt sind, zu erfassen. Insgesamt leben über 1,3 Millionen Einwohner in den Regionen des Verdichtungsraums Graz-Maribor, das Bruttoregionalprodukt dieser grenzübergreifenden Region liegt bei über 25,5 Mrd. €. Das durchschnittliche BIP/Kopf für diese Region liegt damit bei 87 % des EU-25-Schnitts. Aber nicht nur ein genauer Blick auf die Daten und Fakten der Region sollen die darin enthaltenen Profile der kleineren Teilregionen ermöglichen, sondern auch deren spezifische Ausrichtungen, der Firmenbesatz etc. sollen ermöglichen, aus der quantitativen Beschreibung auch ein qualitatives Bild vom Leben in der Region vor den Augen der Leser und Leserinnen entstehen zu lassen.

„Vergleichen was vergleichbar ist und vergleichbar machen was nicht vergleichbar ist" könnte man in Abwandlung eines Zitates von Galileo Galilei als Motto über die beiden Kapitel A2 und A3 stellen. Denn dem Auftrag des Zukunftsfonds Steiermark zur Ausschau nach Szenarien einer prosperierenden Zukunft für die Großregion wäre wohl nur schlecht entsprochen worden, wenn man die Bilder der europäischen Boomregionen im Umland der großen Metropolen als Kontrastfolie heranziehen würde, um Chancen und Potentiale einer Region zu beschreiben, als das, was sie ist: ein europäisches Randgebiet industrieller Prägung. In diesem finden sich grenzübergreifend gleiche Regionstypen, einem industriell geprägten Westen steht ein agrarischer Osten gegenüber. Die Erreichbarkeit von Bevölkerung, Bruttoregionalprodukt und Beschäftigung liegt insbesondere in den westlichen Industriegebieten und dem regionalen Zentrum Graz weit unter den Durchschnittswerten vergleichbarer europäischer Regionen. Erst wenn diese unterschiedlichen Faktorausstattungen berücksichtigt werden, können Chancen und Potentiale von Veränderungen abgeschätzt werden, die an diesen Parametern – etwa im Bezug auf öffentliche Verkehrsinfrastruktur (Stichwort Koralm- und Semmeringbasistunnel) – etwas verändern. Ein Hinweis in diese Richtung kam auch direkt vom Expertenbeirat des Zukunftsfonds – nämlich der Wunsch – insbesondere finnische Regionen gleichsam als „positiven Benchmark" in den Vergleich aufzunehmen, den auch dort handelt es sich um periphere aber stark prosperierende Regionen. Dabei zeigte eine Shift-Share Analyse der Entwicklung der Bruttowertschöpfung, dass die analysierten finnischen Regionen auf europäische Wachstumsbranchen spezialisiert sind und diese noch einmal überdurchschnittlich wuchsen. Die Steiermark (und Österreich) sind weniger auf europäische Wachstumsbranchen spezialisiert, in der Steiermark finden sich jedoch die österreichischen Wachstumsbranchen, wodurch diese – trotz negativen Struktureffekts – eine überdurchschnittliche Entwicklung zwischen 1995 und 2002 aufwies.

Der abschließende Teil A4 dieses Bandes ist bewusst kein abrundender Schlusspunkt der Analysen zum Status quo der Region, sondern er enthält eine Baustelle: Die Baustelle, welche die Gegenwart für die Zukunft ist, wird durch jene Hypothesen im letzten Teil des Buches repräsentiert, die wir aufgrund von langfristigen Prognosen unseres eigenen und anderer Institute erstellt haben: Diese Hypothesen haben vorläufigen Charakter und sie sagen wahrscheinlich mehr über jene Bereiche der Gegenwart aus, wo derzeit Veränderungen stattfinden als über die Zukunft. Daher sind sie auch bewusst der Analyse des Status quo zugeordnet. Aber sie verweisen auch direkt auf die Zukunft, die eben mehr ist als eine Fortschreibung gegenwärtiger Trends. Dieses „Mehr" wird in Band B dieser Reihe ausführlich in methodischer Hinsicht und den Blick auf vorgegebene Rahmenbedingen behandelt, damit das gelingen kann, was wir in Teil C wagen wollen: *Die Zukunft denken.*

Franz Prettenthaler

Inhalt:

EIN PORTRAIT DER REGION

DIE REGIONEN DES VERDICHTUNGSRAUMS GRAZ-MARIBOR (LEBMUR)

Eric Kirschner

JOANNEUM RESEARCH, Institut für Technologie- und Regionalpolitik

Elisabethstraße 20, 8010 Graz

e-mail: eric.kirschner@joanneum.at,

Tel: +43-316-876/1448

Franz Prettenthaler

JOANNEUM RESEARCH, Institut für Technologie- und Regionalpolitik

Elisabethstraße 20, 8010 Graz

e-mail: franz.prettenthaler@joanneum.at,

Tel: +43-316-876/1455

Abstract:

Eine genaue Kenntnis der wirtschaftlichen, sozialen und demographischen Eckdaten der untersuchten Regionen ist Grundvoraussetzung eines grenzüberschreitenden regionalen Foresight-Prozesses. Insgesamt leben über 1,3 Millionen Einwohner in den Regionen des *Verdichtungsraums Graz-Maribor* (LebMur), das Bruttoregionalprodukt dieser grenzübergreifenden Region liegt bei über 25,5 Mrd. €. Das durchschnittliche BIP/Kopf für diese Region liegt damit bei 87 % des EU-25-Schnitts. Die Analysen fassen die wichtigsten Daten zu folgenden Themen zusammen:

- **Mensch**: Während das regionale Zentrum Graz einen bedeutenden Einwohnerzuwachs vorzuweisen hat, drohen manche periphere nordslowenische Regionen nahezu auszusterben. Beträchtliche nationale Disparitäten sind im Bereich Arbeitslosigkeit auszumachen, Jugendarbeitslosigkeit ist vor allem „slowenisch und weiblich".

- **Umwelt**: Die gesamte Region ist im europäischen Vergleich relativ schlecht erreichbar. Die Feinstaubbelastung ist überdurchschnittlich hoch. Graz verzeichnet die zweithäufigsten Überschreitungen der maximal zulässigen Grenzwerte im deutschen Sprachraum.

- **Wirtschaft**: Graz dominiert mit seiner Wirtschaftsleistung den Verdichtungsraum, die Hälfte des regionalen BIP der Gesamtregion wird hier erwirtschaftet, wobei die slowenischen Regionen einen beachtlichen Aufholprozess hinter sich haben – dies gilt insbesondere für Maribor und seine umliegenden Gemeinden.

- Gerade im Querschnittsfeld **Tourismus** ist eine zunehmende Konkurrenz der steirischen und slowenischen Regionen spürbar – die Steigerungen der Nächtigungszahlen in Podravska und Pomurska übertreffen die der steirischen Regionen bei weitem.

Obwohl die nationalen, aber auch die regionalen Disparitäten (zum Teil) beträchtlich sind, ergibt sich gerade aus der relativen Stärke der steirischen Regionen im produzierenden Bereich und der relativen Stärke der nordslowenischen Regionen im Dienstleistungssektor ein komplementäres Bild für die Gesamtregion.

Keywords: Regionsvergleich, Regionsanalyse, grenzüberschreitende Regionalentwicklung, Raumstruktur, Steiermark, Nordslowenien.

JEL Classification: J11, O18, R11, R12, R14.

Inhaltsverzeichnis Teil A1

Abbildungs-, Tabellen- und Bilderverzeichnis Teil A1

1. Einleitung

1.1   MOTIVATION UND ZIELE

Grenzüberschreitende Regionalpolitik muss – so sie erfolgreich sein will – Eigenheiten und Besonderheiten der jeweiligen Regionen auf beiden Seiten der Grenze berücksichtigen.

Das Aufzeigen von potentiellen Chancen und Perspektiven für einen regionen- und länderübergreifenden Raum setzt eine genaue Kenntnis der Probleme, Gegebenheiten, der funktionalen Verflechtungen und Besonderheiten im Untersuchungsgebiet voraus. Nur so können Gemeinsamkeiten erkannt und gefördert wie auch Disparitäten abgebaut werden – um das endogene Potential des grenzübergreifenden Agglomerates als Gesamtes, aber auch um das der Teilregionen auf beiden Seiten der Grenze möglichst optimal zu nutzen.

Der Abbau von Hemmnissen, seien diese physischer Natur – wie es Grenzen sind – oder aber psychologisch – also im Kopf der Menschen –, ist ein hauptsächliches Anliegen einer erweiterten Europäischen Union, mit dem Ziel „der Integration der von Staatsgrenzen zerschnittenen Gebiete, die mit gemeinsamen Problemen konfrontiert sind und für die gemeinsame Lösungen gefunden werden müssen" (Europäische Kommission, 2005b).

Ziel dieser Arbeit ist nicht eine statistische Ansammlung wirtschaftlicher, demographischer und umweltrelevanter Daten – vielmehr soll ein **genaues, eindrückliches, zudem leicht verständliches,** aber vor allem **umfassendes Bild** des *Verdichtungsraumes Graz-Maribor* (LebMur) und seiner Teilregionen auf beiden Seiten der Grenze vermittelt werden.

Ein Portrait der Region ist Ausgangspunkt für weitere Forschung (siehe Aumayr, 2006a, b; Aumayr, Kirschner, 2006; Kirschner, Prettenthaler, 2006a, b und Prettenthaler et al. 2007a,b). Die hier unternommenen Darstellungen der Regionen zeigen einerseits den *Verdichtungsraum Graz-Maribor* (LebMur) als „ein Ganzes", andererseits werden die einzelnen Regionen qualitativ beschrieben und anhand wichtiger Kennzahlen analysiert und miteinander verglichen.

1.2   VORGANGSWEISE

Die besondere Herausforderung in der **quantitativen Analyse** liegt im Vergleich – in der Aggregation – verfügbarer statistischer Daten über Staatsgrenzen hinweg. **Unterschiedliche Erhebungsmethoden und definitorische Zuordnungen erschweren dieses Unterfangen erheblich.** Um diesem Problem weitgehend entgegenzuwirken, wurde

- bei der Analyse der Regionen insbesondere auf Strukturdaten der EUROSTAT online Datenbank (Regionalstatistiken) zurückgegriffen (EUROSTAT). **Die Standardisierung dieser Daten auf europäischer Ebene ermöglicht weit reichende Vergleichbarkeit**, was teilweise durch mangelnde Aktualität des Materials erkauft wird. Die vorhandenen Statistiken sind zumindest 1 bis 2 Jahre alt, wenn nicht älter.

- bei der Wahl der territorialen Einheiten die von 1981 von EUROSTAT erarbeitete Systematik der Gebietseinheiten für die Statistik NUTS – *Nomenclature des Unités Territoriales Statistiques* – gewählt. Die hierarchisch aufgebaute, dreistufige territoriale Einordnung (NUTS 1, 2, 3) basiert auf der Anzahl der Bevölkerung, wobei die NUTS-Einheiten in der Regel aus einer Verwaltungseinheit oder einer Gruppierung mehrerer Einheiten bestehen (siehe EUROSTAT; STATISTIK AUSTRIA, 2006). Die für diese Arbeit relevante Ebene NUTS 3 entspricht einer Bevölkerungsanzahl von mindestes 150.000 aber maximal 800.000 Einwohnern. In Österreich wird NUTS 3 über Gemeindeebene definiert (siehe STATISTIK AUSTRIA, 2006), in Slowenien bilden die statistischen Regionen diese europäischen Gebietseinheiten (siehe Statistical Office of the Republic of Slovenia, 2006).

Zur Ergänzung, Erweiterung und Aktualisierung der Regionalstatistiken (EUROSTAT) wurden zudem zahlreiche internationale, nationale und regionale Quellen verwendet (für eine ausführliche Darstellung relevanter Planungsdokumente siehe Kirschner, Prettenthaler, 2006), eine Auflistung findet sich in nachfolgender *Tabelle 1*.

Tabelle 1: Statistische Quellen

AJPES (Agency of the Republic of Slovenia for Public Legal Records and Related Services), JOLP –Public posting of annual reports, http://www.ajpes.si/JOLP/podjetje.as.

EUROSTAT (2006), Regionalstatistiken, Europäische Kommission, http://epp.eurostat.cec.eu.int

European Peripherality Index (2000), Schürmann und Talaat, Institut für Raumplanung, Universität Dortmund.

European Topic Centre on Air and Climate Change (2006), http://bettie.rivm.nl/etctest/appletstart.html.

Industriellenvereinigung (iv) Steiermark (2006), http://www.iv-steiermark.at

Landesstatistik Steiermark (2006), http://www.verwaltung.steiermark.at/cms/ziel/97595/DE/.

RegDatInfo 0.5, JOANNEUM RESEARCH /OeNB, Regionales Dateninformationssystem Steiermark– Westungarn – Nordslowenien, http://www.regdat.info/website/deutsch/index.html.

Regionalstatistik Steiermark 2005, Kammer für Arbeiter und Angestellte (AK) (2005), Arbeiterkammer Steiermark: Abteilung Wirtschaftspolitik.

SI-Stat Data Portal, Statistical Office of the Republic of Slovenia (2006), http://www.stat.si/pxweb/Dialog/statfile1.asp.

Slovene Regions in Figures (2006), Statistical Office of the Republic of Slovenia, Ljubljana.

Slovenia in Figures 2005, Statistical Office of the Republic of Slovenia (2005 a), http://www.stat.si/eng/pub_slovenija.asp.

Statistical yearbook of the Republic of Slovenia (2005 b), Statistical Office of the Republic of Slovenia, 2005, http://www.stat.si/letopis/index_letopis_en.asp.

STATISTIK AUSTRIA (2006), http://www.statistik.at.

Umweltbundesamt (2006), Luftgüteberichte, http://www.umweltbundesamt.at/umweltschutz/ luft/luftguete_aktuell/tgl_bericht.

WIBIS Steiermark Land Steiermark (2005), http://www.wibissteiermark.at.

Wirtschaftskammer Steiermark (2006), http://portal.wko.at.

Die einzelnen Regionsprofile werden durch eine **qualitative** Interpretation der statistischen Eckdaten ergänzt, um regionale Besonderheiten, Stärken und Schwächen sowie die strukturelle Beschaffenheit des *Verdichtungsraums Graz-Maribor* und seiner Teilregionen zu verdeutlichen. Die jeweilige Region wird beschrieben, spezifische Besonderheiten erläutert und mit den anderen Regionen verglichen.

Besondere Aufmerksamkeit gilt den Unterschieden, aber auch den Gemeinsamkeiten zwischen den steirischen und slowenischen Regionen des *Verdichtungsraum Graz-Maribor*. Es werden nationale Unterschiede anhand ausgewählter regionsspezifischer „Daten und Fakten" zwischen den Regionen aufgezeigt und in Kontext zur Gesamtregion gesetzt. Die Daten der Regionsprofile werden erläutert, in Relation zueinander gestellt, aber auch durch quantitative Analysen ergänzt.

2. Methode

2.1   AUFBAU DER REGIONSPROFILE

Der **quantitative** Teil der einzelnen Regionsprofile gliedert sich neben einer kartographischen Darstellung der Teilregion im Kontext zu der Gesamtregion, in die Kategorien *Mensch, Umwelt, Wirtschaft*, das Querschnittsfeld *Tourismus* und *Special der Region*. Der jeweiligen Kategorie zuordenbare Daten werden zusammengefasst in:

- **Mensch:** Beinhaltet Eckdaten zu Demographie, Arbeitslosigkeit und Bildung. Die Einwohnerzahl und deren Entwicklung (WIBIS; SI-Stat Data Portal) sind neben der regionalen wie auch geschlechtsspezifischen (Jugend-) Arbeitslosigkeit (EUROSTAT) und dem Ausbildungsniveau (höchste abgeschlossene Ausbildung) der Wohnbevölkerung (STATISTIK AUSTRIA, 2006; SI-Stat Data Portal) von hauptsächlichem Interesse.

- **Umwelt:** Dargestellt werden Indikatoren der PKW-Dichte (Regionalstatistik Steiermark 2005; Slovene Regions in Figures, 2006) und Mobilität. Die Datenreihen der Erreichbarkeitsindikatoren (European Peripherality Index, 2000) auf der Ebene NUTS 3 basieren auf der Arbeit von Schürmann und Talaat (2000) zur Errechnung eines „European Peripherality Index" und wurden auf der für diesen Zweck eigens vom Institut für Raumplanung der Universität Dortmund (IRPUD) entwickelten Software berechnet. Eine aktualisierte Version für das Jahr 2002 wurde uns dankenswerterweise von ebendiesem Institut zur Verfügung gestellt. Die Neuberechnung dieses Erreichbarkeitsmaßes erfolgte vom IRPUD im Rahmen des EU-Projekts (DG Agri) „SERA – Study on Employment in Rural Areas." Auch wird die Flächennutzung (EUROSTAT; Landesstatistik Steiermark; Slovenia in Figures, 2006) wie auch die höchste gemessene Feinstaubbelastung (PM 10) der Regionen (Umweltbundesamt 2006; European Topic Centre on Air and Climate Change) beschrieben und verglichen.

- **Wirtschaft:** Neben dem regionalen Bruttoinlandsprodukt – in Marktpreisen je Einwohner und in Prozent des europäischen Durchschnitts (EU 15 und 25) – werden Bruttowertschöpfung zu Herstellungspreisen wie auch Erwerbstätige der Regionen nach Sektoren und in Prozent aufgezeigt (EUROSTAT). Es folgt eine Auflistung der zehn größten Arbeitgeber (Top 10-Unternehmen) der jeweiligen Region (Industriellenvereinigung Steiermark 2006; AJPES).

- Im Querschnittsfeld (der Kategorien Umwelt und Wirtschaft) **Tourismus** werden die rezente Situation der Regionen, aber auch Entwicklungstrends in Bezug auf Hotelzimmer je 1.000 Einwohner (EUROSTAT) und Nächtigungen je Einwohner (WIBIS; SI-Stat Data Portal; RegDatInfo 0.5) wiedergegeben.

- Das **Special der Region** zeigt eine spezifische Besonderheit der jeweiligen Region auf.

Neben der Darstellung statistischer Daten nach Kategorien werden die einzelnen Regionen miteinander verglichen und Trends aufgezeigt:

- Die **Rangordnung** (Rankings) der einzelnen Regionen wurde anhand einer Ordinalskala vorgenommen – eine höhere Merkmalsausprägung ist gleichbedeutend mit einem höheren Rang; wobei der jeweils **„beste" Wert** (z. B. am meisten Einwohner, höchstes BIP niedrigste Arbeitslosigkeit) **mit Rang 1**, der jeweils **„schlechteste"** (z. B. niedrigste Gesamtfläche, am wenigsten PKW/EW, höchster PM10-Wert, niedrigster Erreichbarkeitsindikator) mit **Rang 6** bewertet wurde.

- Im **Trend** spiegelt sich die Entwicklung ausgewählter Kenngrößen über einen Referenzzeitraum wider. Die Richtung der zugehörigen Pfeile gibt die Trendrichtung wieder (aufwärts, gleich bleibend, sinkend). Positive Entwicklungstendenzen sind grün unterlegt, negative rot.

2.2   ANMERKUNGEN

Zur Arbeitslosigkeit: Beim Vergleich der Regionen werden im Allgemeinen die durch EUROSTAT errechneten Arbeitslosenquoten verwendet:

- Hier kommt das Labour-Force-Konzept nach EU-Definition zur Anwendung. Die Arbeitslosenquote ist der Anteil der Arbeitslosen an den Erwerbspersonen (Selbstständig und unselbstständig Beschäftigte sowie Arbeitslose).

Werden die österreichischen Regionen des *Verdichtungsraums Graz-Maribor* untereinander verglichen, so wird teilweise auch auf nationale Berechnungen zurückgegriffen. Auf der Ebene NUTS 3, beziehungsweise auf der Bezirksebene, wird diese wie folgt definiert:

- Berechnung der Arbeitslosenquoten: Vorgemerkte Arbeitslose bezogen auf die jeweilige Basis. Für regionale Arbeitslosenquoten wird die Zahl der unselbstständig Berufstätigen herangezogen (nach dem Wohnortkonzept), für Steiermark- und Österreichwerte das Arbeitskräftepotential, d. h. die Gesamtzahl der Beschäftigten plus die Zahl der vorgemerkten Arbeitslosen (nach dem Arbeitsortkonzept).

- Arbeitslosenquote auf Bezirksebene: Anteil der Arbeitslosen an den unselbstständig Berufstätigen (diese werden errechnet mit der Berufstätigenfortschreibung des ÖIR). Die regionale Zuordnung erfolgt nach dem Wohnort der Arbeitslosen.

Zu den Mobilitätsindikatoren: Die in dieser Arbeit verwendeten Erreichbarkeitsmaße – die Mobilitätsindikatoren – sind ein Maßstab für die „Randlage" einer Region wie auch einer für das Vorhandensein von Verkehrsinfrastruktur. Diese Datenreihe auf der Ebene NUTS 3 gibt die Zahl der Bevölkerung beziehungsweise die Höhe des regionalen BIP an, die innerhalb von fünf Stunden mit dem Auto erreicht werden können. Die Werte sind in Prozent des europäischen Durchschnitts dargestellt (vgl. Aumayr, 2006a).

Zur Produktivität: Der Vergleich der sektoralen Produktivität, wie er sich auch in dieser Arbeit findet, ist problematisch. Ein Vergleich von sektoraler Wertschöpfung und Beschäftigung wird durch die unterschiedlichen Funktionen des Siedlungsraumes verzerrt. So weisen Wohnregionen naturgemäß geringe Beschäftigungsanteile aus, in Arbeitsregionen hingegen ist Beschäftigung überproportional vertreten, das Bruttoregionalprodukt dieser Regionen wird nicht nur von der ansässigen Wohnbevölkerung, sondern zu einem guten Teil durch Pendler erwirtschaftet.

Zur Wertschöpfung: Die Rangordnung bezieht sich auf des BIP in Marktpreisen in Euro je Einwohner.

Im Folgenden werden der Verdichtungsraum Graz-Maribor zunächst als Ganzes und danach seine (Teil-) Regionen einzeln betrachtet.

JOANNEUM RESEARCH

Der Verdichtungsraum Graz-Maribor (LebMur)
Regionsprofil

JR FACT SHEET No 1/2006 | **Autoren:** Eric Kirschner, Franz Prettenthaler

ÖSTERREICH GRAZ
UNGARN
ITALIEN
MARIBOR

Der Verdichtungsraum Graz-Maribor im Vergleich mit
1.113 europäischen NUTS 3 Regionen

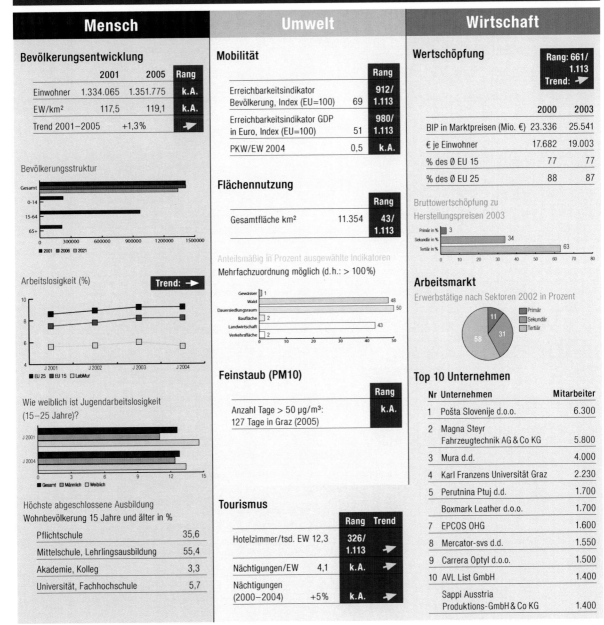

Mensch

Bevölkerungsentwicklung

	2001	2005	Rang
Einwohner	1.334.065	1.351.775	k.A.
EW/km²	117,5	119,1	k.A.
Trend 2001–2005	+1,3%		➔

Bevölkerungsstruktur

Gesamt
0-14
15-64
65+

0   300000   600000   900000   1200000   1500000
■ 2001 ■ 2006 ☐ 2021

Arbeitslosigkeit (%)

Trend: ➔

10
8
6
4
J 2001   J 2002   J 2003   J 2004
■ EU 25   ■ EU 15   ☐ LebMur

Wie weiblich ist Jugendarbeitslosigkeit (15–25 Jahre)?

J 2001
J 2004

0   3   6   9   12   15
■ Gesamt   ☐ Männlich   ☐ Weiblich

Höchste abgeschlossene Ausbildung
Wohnbevölkerung 15 Jahre und älter in %

Pflichtschule	35,6
Mittelschule, Lehrlingsausbildung	55,4
Akademie, Kolleg	3,3
Universität, Fachhochschule	5,7

Umwelt

Mobilität

		Rang
Erreichbarkeitsindikator Bevölkerung, Index (EU=100)	69	912/ 1.113
Erreichbarkeitsindikator GDP in Euro, Index (EU=100)	51	980/ 1.113
PKW/EW 2004	0,5	k.A.

Flächennutzung

		Rang
Gesamtfläche km²	11.354	43/ 1.113

Anteilsmäßig in Prozent ausgewählte Indikatoren
Mehrfachzuordnung möglich (d.h.: > 100%)

Gewässer 1
Wald 48
Dauersiedlungsraum 50
Baufläche 2
Landwirtschaft 43
Verkehrsfläche 2

0   10   20   30   40   50

Feinstaub (PM10)

	Rang
Anzahl Tage > 50 µg/m³: 127 Tage in Graz (2005)	k.A.

Tourismus

		Rang	Trend
Hotelzimmer/tsd. EW	12,3	326/ 1.113	➔
Nächtigungen/EW	4,1	k.A.	➔
Nächtigungen (2000–2004)	+5%	k.A.	➔

Wirtschaft

Wertschöpfung

**Rang: 661/ 1.113
Trend: ➔**

	2000	2003
BIP in Marktpreisen (Mio. €)	23.336	25.541
€ je Einwohner	17.682	19.003
% des Ø EU 15	77	77
% des Ø EU 25	88	87

Bruttowertschöpfung zu Herstellungspreisen 2003

Primär in % 3
Sekundär in % 34
Tertiär in % 63

0   10   20   30   40   50   60   70   80

Arbeitsmarkt
Erwerbstätige nach Sektoren 2002 in Prozent

■ Primär
■ Sekundär
☐ Tertiär

58   31   11

Top 10 Unternehmen

Nr	Unternehmen	Mitarbeiter
1	Pošta Slovenije d.o.o.	6.300
2	Magna Steyr Fahrzeugtechnik AG & Co KG	5.800
3	Mura d.d.	4.000
4	Karl Franzens Universität Graz	2.230
5	Perutnina Ptuj d.d.	1.700
	Boxmark Leather d.o.o.	1.700
7	EPCOS OHG	1.600
8	Mercator-svs d.d.	1.550
9	Carrera Optyl d.o.o.	1.500
10	AVL List GmbH	1.400
	Sappi Austria Produktions-GmbH & Co KG	1.400

3. Der Verdichtungsraum Graz-Maribor (LebMur)

3.1   FOKUS MENSCH: ÜBER 1.3 MILLIONEN EINWOHNER

Im *Verdichtungsraum Graz-Maribor* leben auf einer Fläche von 11.354 km^2 über 1.350.000 Menschen. Wie aus *Abbildung 1* ersichtlich, weist die demographische Struktur in den steirischen Regionen im Vergleich zu den nordslowenischen Regionen deutliche Unterschiede auf. Einerseits ist die steirische Bevölkerung jünger, wie die höheren relativen Anteile der Bevölkerungsgruppen der unter 18-Jährigen verdeutlichen. Andererseits schlugen sich die Auswirkungen des Krieges in Österreich weit stärker auf die demographische Entwicklung der Regionen nieder, wie die signifikante Abweichung bei der heute 55- bis 59-jährigen insbesondere männlichen Wohnbevölkerung, der Kriegs- und ersten Nachkriegsgeneration, zeigt.

Anders stellt sich die Situation bei den vor 1920 Geborenen dar, im steirischen Teil des *Verdichtungsraums Graz-Maribor* ist die Lebenserwartung generell höher, dementsprechend ist der Anteil dieser Bevölkerungsgruppen an der Gesamtbevölkerung größer.

Abbildung 1: Bevölkerungsstruktur nach Geschlecht und Alter – LebMur 2005

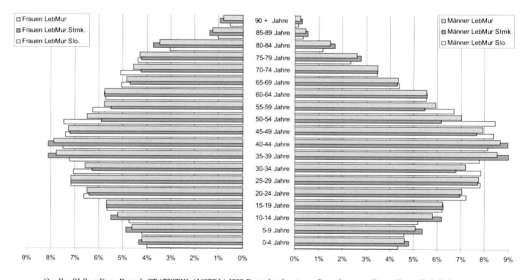

Quelle: SI-Stat Data Portal; STATISTIK AUSTRIA ISIS Datenbank; eigene Berechnungen/Darstellung JR-InTeReg.

Die Bevölkerungsdichte der Region liegt mit 119 Einwohnern pro km^2 über den jeweiligen Landesschnitten von Österreich (98 EW/km^2) und Slowenien (99 EW/km^2). Während der steirische Teil der Region auf ein beachtliches Bevölkerungswachstum zurückblicken kann, sind die slowenischen Regionen (siehe *Tabelle 2*) von zum Teil beträchtlichem Bevölkerungsschwund geprägt – einzige Ausnahme ist das kleine Koroška.

Tabelle 2: Demographische Entwicklung im Verdichtungsraum Graz-Maribor

	LebMur		LebMur Slowenien		LebMur Steiermark	
	2000	**2005**	**2000**	**2005**	**2000**	**2005**
Einwohner	1.334.065	1.351.775	518.049	515.670	816.016	836.105
EW/km2	117,5	119,1	113,9	113,4	119,9	122,8
Trend 2001-2005	+ 1,3 %		- 0,5 %		+ 2,5 %	

Quelle: WIBIS, SI-Stat Data Portal, eigene Berechnungen JR-InTeReg.

Im Bereich höchste abgeschlossene Ausbildung (der über 15-jährigen Wohnbevölkerung) zeigen sich in den slowenischen Regionen leichte Vorteile das Ausbildungsniveau betreffend. 10,4 % der Einwohner verfügen über einen Abschluss einer Akademie, eines Kollegs oder absolvierten ein Universitätsstudium. Obwohl Graz mit 13,2 % bei weitem die höchste Akademikerquote vorzuweisen hat, kommen die steirischen Regionen zusammen gerade einmal auf 8 % – aufgrund des unterdurchschnittlichen Anteils an Akademikern in der West- und Südsteiermark, aber auch in der Oststeiermark. Der Gesamtanteil der Pflichtschulabsolventen liegt bei 35,6 % und ist damit auf beiden Seiten der Grenze etwa gleich hoch. Lediglich im Bereich der Mittelschule, beziehungsweise der Lehrlingsausbildung liegen die Werte des steirischen Teils des *Verdichtungsraums Graz-Maribor* mit 56,1 % über denen der slowenischen Regionen (54,2 %).

Im europäischen Vergleich ist die Arbeitslosigkeit in der gesamten Region niedrig und liegt seit 2001 in etwa gleich bleibend bei 5,5 %. Dennoch sind die nationalen Unterschiede beträchtlich. Waren im Jahr 2004 in Nordslowenien 8,7 % der Erwerbstätigen arbeitslos, so kam der steirische Teil gerade einmal auf 3,6 %. Noch gravierender stellen sich die Unterschiede im Bereich der Jugendarbeitslosigkeit dar. Diese beträgt im *Verdichtungsraum Graz-Maribor* 12,8 % (2004), wobei Frauen mit 13,4 % am stärksten betroffen sind – der geschlechtsspezifische Unterschied macht 1 Prozent aus (siehe *Tabelle 3*).

Tabelle 3: Arbeitslosigkeit im Verdichtungsraum Graz-Maribor[1]

	LebMur		LebMur Slowenien		LebMur Steiermark	
	2001	**2004**	**2001**	**2004**	**2001**	**2004**
Jugendarbeitslosigkeit	12,6 %	12,8 %	24,6 %	23,9 %	6,1 %	7,5 %
Jugendarbeitslosigkeit m	11,0 %	12,4 %	20,9 %	20 %	5,6 %	8,5 %
Jugendarbeitslosigkeit w	14,6 %	13,4 %	29,4 %	28, 9 %	6,7 %	6,4 %
Arbeitslosigkeit gesamt	5,6 %	5,6 %	8,7 %	8,7 %	3,6 %	3,6 %

Quelle: EUROSTAT, eigene Berechungen JR-InTeReg.

---

[1]   Siehe 2.1 Anmerkungen

3.1   FOKUS UMWELT: IM EUROPÄISCHEN VERGLEICH SCHLECHTE ERREICHBARKEIT

Die Erreichbarkeitsindikatoren für die Gesamtregion[2] liegen weit unter dem europäischen Durchschnitt. Der Indikator Bevölkerung nimmt einen Wert von 69 (EU=100) ein, der für das BIP beträgt lediglich 50. Die regionalen aber auch nationalen Disparitäten sind erheblich, die höchsten Werte erzielt Graz, Podravska (mit dem regionalen Zentrum) nimmt im Erreichbarkeitsindikator Bevölkerung Rang zwei ein, ansonsten liegen die steirischen Regionen vor den slowenischen. Im Vergleich mit 1.113 europäischen NUTS 3 Regionen liegt der *Verdichtungsraum Graz-Maribor* auf Rang 912 (Bevölkerung) beziehungsweise auf Rang 980 (BIP). Die PKW-Dichte pro Einwohner beträgt insgesamt 0,5, in den slowenischen Regionen kommen 0,43 PKW auf einen Einwohner, dieser Wert wird in allen steirischen Regionen übertroffen (der Durchschnitt liegt hier bei 0,53 PKW/EW).

Die Hälfte der Gesamtfläche ist dauerhaft besiedelt, 48 % der Region bestehen aus Wald, 1 % sind Gewässer. Generell ist die Siedlungsdichte in Nordslowenien höher, hier nimmt der Dauersiedlungsraum 52 % der Fläche ein –3 Prozentpunkte mehr als in den österreichischen Regionen (Landesstatistik Steiermark; SI-Stat Data Portal). Zurückzuführen ist dies letztlich auf die extensivere Bodennutzung der Landwirtschaft in Slowenien – die Flächenanteile dieses Sektors am Dauersiedlungsraum betragen 47 %, wogegen im steirischen Teil nur rund 40 % erreicht werden.

3.2   FOKUS WIRTSCHAFT: 50 % DER WERTSCHÖPFUNG IN GRAZ

Ökonomisch wird der Verdichtungsraum durch die regionalen Zentren – Maribor, vor allem aber Graz – geprägt. Die Grazer Bruttowertschöpfung zu Herstellungspreisen macht fast die Hälfte der Gesamtwertschöpfung der Gesamtregionen aus. Wie aus *Tabelle 4* ersichtlich ist, zeichnet die österreichischen Regionen, im Vergleich zu Nordslowenien, insgesamt ein verhältnismäßig produktiver produzierender Sektor aus – jedoch bei sinkenden Beschäftigungsanteilen[3].

Tabelle 4: Bruttowertschöpfung zu Herstellungspreisen 2003

Sektor	LebMur	LebMur Slo.	LebMur Stmk.
Primär	3 %	4 %	2 %
Sekundär	34 %	38 %	33 %
Tertiär	63 %	58 %	65 %

Quelle: EUROSTAT, eigene Berechnungen JR-InTeReg.

Die hauptsächliche Ursache von Wirtschaft- und Beschäftigungswachstum (siehe SI-Stat Data Portal) in Nordslowenien war in der vergangenen Dekade der Dienstleistungssektor, wobei dies auch mit der Verlagerung der Zentralverwaltung der slowenischen Post nach Maribor zusammenhängt.

Generell ist jedoch die Sachgüterproduktion im Westen des *Verdichtungsraums Graz-Maribor* stärker ausgebildet – dieser Sektor beschäftigt, wie in *Tabelle 5* dargestellt, 31 % der Erwerbstätigen. Die

---

[2]   Siehe 2.1 Anmerkungen

östlichen Regionen hingegen sind stärker agrarisch geprägt – der Anteil der Erwerbstätigen in der Landwirtschaft ist hier am höchsten. Der primäre Sektor trägt bei einem Beschäftigungsanteil von 11 % nur mit 3 % zur regionalen Bruttowertschöpfung bei.

Tabelle 5: Erwerbstätige nach Sektoren 2002

Sektor	LebMur	LebMur Slo.	LebMur Stmk.
Primär	11 %	18 %	8 %
Sekundär	31 %	38 %	27 %
Tertiär	58 %	45 %	66 %

Quelle: EUROSTAT, eigene Berechungen JR-InTeReg.

Gesamt werden pro Einwohner 19.000 € an Bruttowertschöpfung erwirtschaftet, 23 % weniger als der EU 15- oder 13 % weniger als der EU 25-Durchschnitt. Die regionalen Unterschiede sind zum Teil erheblich, insbesondere zwischen den steirischen und slowenischen Regionen.

3.2 APROPOS TOURISMUS: WACHSENDE BEDEUTUNG IN DER GESAMTEN REGION

Der *Verdichtungsraum Graz-Maribor* zählte im Jahr 2004 über 5,5 Millionen Nächtigungen. Mit Ausnahme von Koroška – das dramatische Einbußen hinnehmen musste – waren die Zuwächse in allen Regionen beachtlich (siehe *Tabelle 12:* Nächtigungszahlen 2000-200). Insbesondere den strukturschwachen nordslowenischen Regionen, Pomurska, aber auch Teilen der Peripherie von Podravska, war es gelungen, das endogene touristische Potential zu nutzen – in Form von Angeboten rund um Gesundheit, Wellness und Wein. Trotzdem ist die Anzahl an Nächtigungen in den steirischen Regionen immer noch vier Mal höher. Generell kommt dem Fremdenverkehr im östlichen Teil des *Verdichtungsraums Graz-Maribor* überdurchschnittliche Relevanz zu. Im Jahr 2004 waren mehr als 2.750.000 der 4.430.000 Nächtigungen in den steirischen Regionen der Oststeiermark zuzuordnen, auf Pomurska entfielen 754.976 oder über drei Viertel der Nächtigungen Nordsloweniens.

---

[3]   Dies gilt unter bestimmten Voraussetzungen auch im europäischen Vergleich (siehe Aumayr, 2006a).

AT 221 Graz und Umgebung

Regionsprofil

JR FACT SHEET No 2/2006 | **Autoren:** Eric Kirschner, Franz Prettenthaler

Special der Region

Innovationsregion :: Höchste Akademikerquote :: Autocluster :: Forschungseinrichtungen :: 4 Universitäten

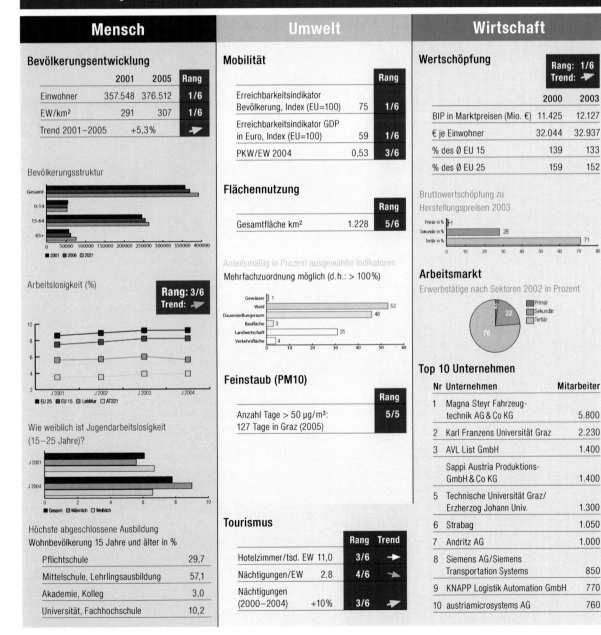

Mensch

Bevölkerungsentwicklung

	2001	2005	Rang
Einwohner	357.548	376.512	1/6
EW/km²	291	307	1/6
Trend 2001–2005	+5,3%		➚

Bevölkerungsstruktur

■ 2001 ■ 2006 □ 2021

Arbeitslosigkeit (%)

Rang: 3/6
Trend: ➚

■ EU 25 ■ EU 15 ■ LebMur □ AT221

Wie weiblich ist Jugendarbeitslosigkeit (15–25 Jahre)?

■ Gesamt ■ Männlich □ Weiblich

Höchste abgeschlossene Ausbildung
Wohnbevölkerung 15 Jahre und älter in %

Pflichtschule	29,7
Mittelschule, Lehrlingsausbildung	57,1
Akademie, Kolleg	3,0
Universität, Fachhochschule	10,2

Umwelt

Mobilität

		Rang
Erreichbarkeitsindikator Bevölkerung, Index (EU=100)	75	1/6
Erreichbarkeitsindikator GDP in Euro, Index (EU=100)	59	1/6
PKW/EW 2004	0,53	3/6

Flächennutzung

		Rang
Gesamtfläche km²	1.228	5/6

Anteilsmäßig in Prozent ausgewählte Indikatoren
Mehrfachzuordnung möglich (d.h.: > 100%)

Gewässer	1
Wald	53
Dauersiedlungsraum	46
Baufläche	3
Landwirtschaft	31
Verkehrsfläche	4

Feinstaub (PM10)

	Rang
Anzahl Tage > 50 µg/m³: 127 Tage in Graz (2005)	5/5

Tourismus

		Rang	Trend
Hotelzimmer/tsd. EW	11,0	3/6	➡
Nächtigungen/EW	2,8	4/6	➘
Nächtigungen (2000–2004)	+10%	3/6	➘

Wirtschaft

Wertschöpfung

Rang: 1/6
Trend: ➡

	2000	2003
BIP in Marktpreisen (Mio. €)	11.425	12.127
€ je Einwohner	32.044	32.937
% des Ø EU 15	139	133
% des Ø EU 25	159	152

Bruttowertschöpfung zu Herstellungspreisen 2003

Primär in %	1
Sekundär in %	28
Tertiär in %	71

Arbeitsmarkt
Erwerbstätige nach Sektoren 2002 in Prozent

■ Primär 2
■ Sekundär 22
□ Tertiär 76

Top 10 Unternehmen

Nr	Unternehmen	Mitarbeiter
1	Magna Steyr Fahrzeugtechnik AG & Co KG	5.800
2	Karl Franzens Universität Graz	2.230
3	AVL List GmbH	1.400
	Sappi Austria Produktions-GmbH & Co KG	1.400
5	Technische Universität Graz/ Erzherzog Johann Univ.	1.300
6	Strabag	1.050
7	Andritz AG	1.000
8	Siemens AG/Siemens Transportation Systems	850
9	KNAPP Logistik Automation GmbH	770
10	austriamicrosystems AG	760

JOANNEUM RESEARCH Forschungsgesellschaft mbH
Institut für Technologie- und Regionalpolitik – InTeReg

INNOVATION aus TRADITION

4. Graz (AT 221)

4.1 FOKUS MENSCH: RASANTES BEVÖLKERUNGSWACHSTUM

Die Region Graz (politische Bezirke Graz und Graz Umgebung) nimmt als „Regionales Zentrum" eine Sonderrolle im *Verdichtungsraum Graz-Maribor* ein. Mit über 375.000 Einwohnern auf einer Fläche von nur 1.228 km^2 – dies entspricht einer Bevölkerungsdichte von 307 km^2 pro Einwohner, im Dauersiedlungsbereich wird sogar eine Dichte von rund 650 (WIBIS) erreicht – ist Graz bei weitem die am dichtesten besiedelte Region.

In Bezug auf die demographische Struktur – dargestellt in *Abbildung 2* – unterscheidet sich Graz erheblich von der West- und Südsteiermark und der Oststeiermark. Während der Bevölkerungsanteil der unter 10-Jährigen leicht über dem Durchschnitt des *Verdichtungsraums Graz-Maribor* liegt, so ist der Anteil der 10- bis 19-Jährigen deutlich geringer und liegt unter dem Durchschnitt der Gesamtregion. Klar erkennbar sind Verschiebungen der Bevölkerungsentwicklung aufgrund der Kriegs- und ersten Nachkriegsjahre – aufgrund der geringeren Geburtenrate dieser Jahrgänge.

Abbildung 2: Bevölkerungsstruktur nach Geschlecht und Alter – Graz 2005

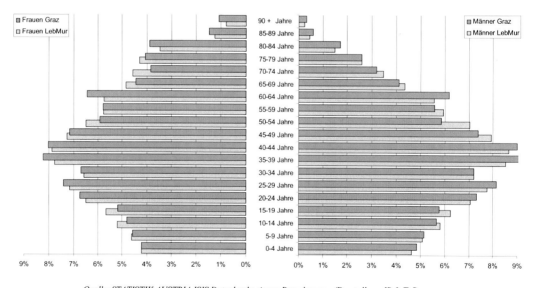

Quelle: STATISTIK AUSTRIA ISIS Datenbank; eigene Berechnungen/Darstellung JR-InTeReg.

Das Bevölkerungswachstum – seit 2001 konnte eine Steigerung von 5,3 % erzielt werden – liegt weit über dem der anderen Regionen. Diese Steigerung war zu einem guten Teil –wie *Tabelle 6* zeigt – im Stadtgebiet von Graz erreicht worden; dem Kernland war es – aufgrund starker Zuwanderung (WIBIS) – gelungen, dem langjährigen Trend der Abwanderung ins Umland entgegenzuwirken (vgl. STATISTIK AUSTRIA).

Tabelle 6: Bevölkerungsentwicklung in Graz/Graz Umgebung

	Graz		Graz Stadt		Graz Umgebung	
Jahr	2001	2005	2001	2005	2001	2005
Bevölkerung	357.548	376.512	240.278	240.278	131.304	136.234
EW/km2	291	307	1.877	1.877	119	124
2001-2005	+ 5,3 %		+ 6,2 %		+ 3,8 %	

Quelle: WIBIS 2005, eigene Darstellung JR-InTeReg.

Die Arbeitslosenquote[4] von 3,9 % (2004) liegt – trotz mäßiger Zuwächse – leicht unter dem im europäischen Vergleich ohnehin niedrigen Landesschnitt, ist jedoch die höchste der steirischen LebMur-Regionen. Defizite sind insbesondere im Bereich der 15- bis 24-Jährigen auszumachen. Jugendarbeitslosigkeit ist in der Region vor allem weiblich, wie die überproportionale Wachstumsrate dieser Gruppe zeigt.

Im Bereich Bildung und Innovation nehmen Graz und seine Umgebung eine Sonderstellung ein. So zählten die vier Grazer Universitäten im Wintersemester 2004 rund 33.500 Studierende, hinzu kommen die etwa 3.000 Studierenden der steirischen Fachhochschulen (Bundesministerium für Bildung, Wissenschaft und Kultur, 2005). Über 57 % der Bevölkerung verfügen über eine Lehrlingsausbildung oder einen Mittelschulabschluss, die Akademikerquote liegt – auch ohne Absolventen von Akademien und Kollegs – bei weit über 10 %. Dieses Ausbildungsniveau wird in keiner anderen Region des *Verdichtungsraums Graz-Maribor* auch nur annähernd erreicht. Zudem kann auf ein sehr hoch qualifiziertes Arbeitskräftepotential zurückgegriffen werden, zwei Drittel aller unselbstständig beschäftigten steirischen Akademiker arbeiten in Graz (WIBIS). Zahlreiche außeruniversitäre Forschungsinstitutionen (JOANNEUM RESEARCH, AGES, Österreichische Akademie der Wissenschaften, Christian-Doppler-Laboratorien, ARC Seibersdorf Research etc.) und Kompetenzzentren (siehe *Der steirische Forschungsstätten-Katalog*) haben ihren Sitz beziehungsweise eine Niederlassung in der Landshauptstadt. Dies unterstreicht – wie auch der überdurchschnittlich hohe Anteil von F&E – die überregionale Bedeutung von Graz als regionales Zentrum und als Innovationsregion.

4.2 FOKUS UMWELT: ZWEITHÖCHSTE FEINSTAUBBELASTUNG IM DEUTSCHEN SPRACHRAUM

Im gesamten deutschsprachigen Raum waren nur in Stuttgart Neckartor mehr Überschreitungen (187 Tage >50 µg/m³) messbar (vgl.: Umweltbundesamt (D), 2005). In Graz wurde im Jahr 2005 – wie aus *Tabelle 7* ersichtlich – der maximal zulässige Grenzwert von 50 µg/m³ an 127 Tagen überschritten (Messstation Graz Don Bosco; siehe Umweltbundesamt, 2006, Lüftgüteberichte). Zudem ist die Anzahl der Einpendler weiterhin stark steigend (vgl. Regionales Entwicklungsleitbild Graz/Graz Umgebung, 1999, S. 3), die Großbetriebe und die mit ihnen verbundenen Unternehmen sind nicht nur Arbeitgeber für Menschen innerhalb der Region, sondern auch für Arbeitnehmer aus den strukturschwächeren umliegenden Regionen. Der nur mäßig ausgebaute öffentliche Verkehr bei einem hohen Pendleraufkommen ist einer der Faktoren für die überdurchschnittliche Feinstaubbelastung.

---

[4]   Berechnung nach EUROSTAT.

Tabelle 7: Maximale Feinstaubüberschreitungstange in Deutschland und Österreich

Österreich		Deutschland	
Messstelle	**Anzahl Tage** **> 50 µg/m³**	**Messstelle**	**Anzahl Tage** **> 50 µg/m³**
Klagenfurt Völkermarkter Str.	82	Bremen Verkehr 2	82
Rinnböckstraße	92	Duisburg-Marxloh 2/Kiebitzmühlenstr.	83
Graz Süd Tiergartenweg	95	Cottbus, Bahnhofstr.	88
Graz Mitte	112	München/Landshuter Allee	107
Graz Don Bosco	127	Stuttgart Neckartor	187

Quelle: Umweltbundesamt (D) (2006)/Umweltbundesamt (2006), Luftgüteberichte; eigene Darstellung JR-InTeReg.

Graz ist mit Abstand die mobilste Region des *Verdichtungsraums Graz-Maribor* und nimmt die Spitzenposition sowohl beim Erreichbarkeitsindikator Bevölkerung als auch beim Indikator BIP ein. Hinzu kommt eine gut ausgebaute Infrastruktur nicht nur im privaten, sondern auch im öffentlichen Verkehr. Die zunehmende Bedeutung des Grazer Flughafens und die Knotenfunktionen im Hochleistungspersonen- und Güterverkehr (Terminal Werndorf und Rail Cargo Center Graz) unterstreichen diese Position. Insgesamt nehmen Verkehrsflächen rund 4 % an der Gesamtfläche im Dauersiedlungsgebiet ein – in Koroška oder Pomurska beträgt dieser Anteil gerade einmal 1 %.

Lediglich die PKW-Dichte je Einwohner wird von der Ost- aber auch von der West- und Südsteiermark übertroffen, was nicht zuletzt auf die besser ausgebaute öffentliche Verkehrsinfrastruktur im Stadtgebiet zurückzuführen ist – auf 1000 Einwohner entfallen im Stadtgebiet 515 PKW, dies ist der niedrigste Wert unter allen steirischen Bezirken im Untersuchungsgebiet (Regionalstatistik Steiermark, 2005).

4.3 FOKUS WIRTSCHAFT: BEI WEITEM DIE REICHSTE REGION

Das Bruttoregionalprodukt von Graz übersteigt das der anderen Regionen bei weitem, in relativen wie auch in absoluten Zahlen. In der Region werden über 12 Mrd. € erwirtschaftet, das 17-Fache von Koroška. Die Wirtschaftsleistung je Einwohner liegt in etwa bei € 33.000 (2003), dies entspricht 133 % der durchschnittlichen Wirtschaftsleistung der EU 15 oder 152 % der EU 25, beziehungsweise 386 % des Wertes von Pomurska, der ärmsten Region des grenzübergreifenden *Verdichtungsraums Graz-Maribor*. Trotz absoluter Zuwächse wuchs die Wirtschaftsleistung in den neuen, aber auch in den alten Mitgliedsstaaten der Union im Vergleichszeitsaum schneller als in Graz.

Die Wirtschaftsstruktur wird von der Industriegüterproduktion – dieser Sektor fertigt insbesondere Sachgüter im Technologiebereich – und vom tertiären Sektor, von öffentlichen Dienstleistungen, geprägt (WIBIS). Hauptsächlichen Anteil am Wirtschaftswachstum der vergangenen Jahre hatte der überdurchschnittlich produktive sekundäre Sektor – hier erwirtschaften 22 % der Beschäftigten rund 28 % der Bruttowertschöpfung. Überdurchschnittlich viele Großbetriebe mit mehr als 250 Beschäftigten sind zu finden, in denen zwei Drittel der unselbstständigen Beschäftigten der Region arbeiten. Von überregionaler Bedeutung ist der 1996 gegründete Autocluster, der 180 Betriebe umfasst. Darüber hinaus spielen für die regionale Wirtschaft die Papierindustrie (Herstellung und

Verarbeitung von Papier und Pappe) und der Anlagenbau eine große Rolle. Die Leitbetriebe dieser Sektoren erzielen Exportanteile von über 95 % ihrer Produktion.

Die Landwirtschaft spielt in der Region so gut wie keine Rolle.

4.4   APROPOS TOURISMUS: STEIGENDE BEDEUTUNG DES STÄDTETOURISMUS

Der Tourismussektor konnte in der Periode von 2000-2004 ein beachtliches zehnprozentiges Wachstum an Nächtigungen erzielen – aufgrund des starken Bevölkerungswachstums hatte diese Entwicklung jedoch keinen Einfluss auf die *Anzahl der Hotelzimmer je Einwohner*, beim relativen Wert *Nächtigungen je Einwohner* mussten – trotz absoluter Zuwächse bei Nächtigungen – Einbußen hingenommen werden. Alles in allem nimmt Graz im Tourismus einen mittleren Rang ein. Erfreulich waren die vor allem im Kerngebiet überproportionale Wachstumsraten der Auslastung der gewerblichen Betriebe (WIBIS).

SI 003 Koroška
Regionsprofil

JR FACT SHEET No 3/2006 | **Autoren:** Eric Kirschner, Franz Prettenthaler

Special der Region
Autarkste Region :: Günstigste Altersstruktur Sloweniens :: Werkzeugcluster :: höchste Geburtenrate
9,3 Geburten auf 1000 Einwohner

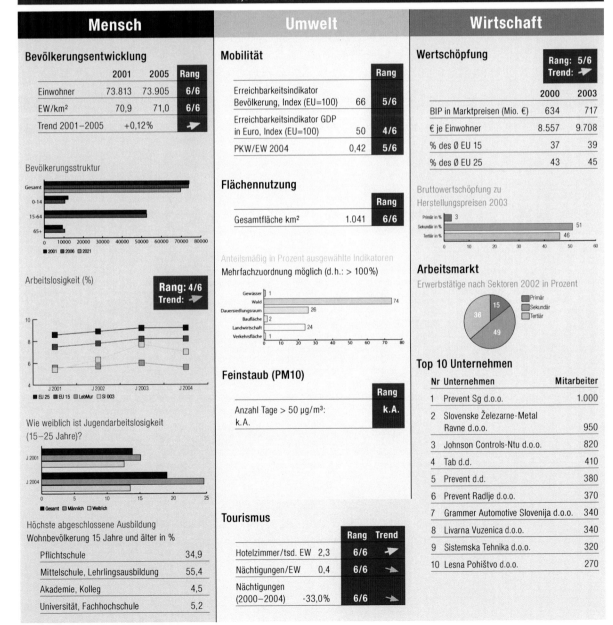

Mensch

Bevölkerungsentwicklung

	2001	2005	Rang
Einwohner	73.813	73.905	6/6
EW/km²	70,9	71,0	6/6
Trend 2001–2005	+0,12%		➜

Bevölkerungsstruktur

(Gesamt, 0-14, 15-64, 65+) ■ 2001 ■ 2006 □ 2021

Arbeitslosigkeit (%)

Rang: 4/6
Trend: ➘

■ EU 25 ■ EU 15 ■ LebMur □ SI 003

Wie weiblich ist Jugendarbeitslosigkeit (15–25 Jahre)?

(J 2001, J 2004) ■ Gesamt ■ Männlich □ Weiblich

Höchste abgeschlossene Ausbildung
Wohnbevölkerung 15 Jahre und älter in %

Pflichtschule	34,9
Mittelschule, Lehrlingsausbildung	55,4
Akademie, Kolleg	4,5
Universität, Fachhochschule	5,2

Umwelt

Mobilität

		Rang
Erreichbarkeitsindikator Bevölkerung, Index (EU=100)	66	5/6
Erreichbarkeitsindikator GDP in Euro, Index (EU=100)	50	4/6
PKW/EW 2004	0,42	5/6

Flächennutzung

		Rang
Gesamtfläche km²	1.041	6/6

Anteilsmäßig in Prozent ausgewählte Indikatoren
Mehrfachzuordnung möglich (d.h.: > 100%)

Gewässer 1
Wald 74
Dauersiedlungsraum 26
Baufläche 2
Landwirtschaft 24
Verkehrsfläche 1

Feinstaub (PM10)

	Rang
Anzahl Tage > 50 μg/m³: k.A.	k.A.

Tourismus

		Rang	Trend
Hotelzimmer/tsd. EW	2,3	6/6	➜
Nächtigungen/EW	0,4	6/6	➜
Nächtigungen (2000–2004)	-33,0%	6/6	➜

Wirtschaft

Wertschöpfung

Rang: 5/6
Trend: ➜

	2000	2003
BIP in Marktpreisen (Mio. €)	634	717
€ je Einwohner	8.557	9.708
% des Ø EU 15	37	39
% des Ø EU 25	43	45

Bruttowertschöpfung zu Herstellungspreisen 2003

Primär in % 3
Sekundär in % 51
Tertiär in % 46

Arbeitsmarkt
Erwerbstätige nach Sektoren 2002 in Prozent

■ Primär 15
■ Sekundär 49
□ Tertiär 36

Top 10 Unternehmen

Nr	Unternehmen	Mitarbeiter
1	Prevent Sg d.o.o.	1.000
2	Slovenske Železarne-Metal Ravne d.o.o.	950
3	Johnson Controls-Ntu d.o.o.	820
4	Tab d.d.	410
5	Prevent d.d.	380
6	Prevent Radlje d.o.o.	370
7	Grammer Automotive Slovenija d.o.o.	340
8	Livarna Vuzenica d.o.o.	340
9	Sistemska Tehnika d.o.o.	320
10	Lesna Pohištvo d.o.o.	270

JOANNEUM RESEARCH Forschungsgesellschaft mbH
Institut für Technologie- und Regionalpolitik – InTeReg

INNOVATION aus TRADITION

5. Koroška (SI 003)

5.1 FOKUS MENSCH: GÜNSTIGSTE ALTERSSTRUKTUR SLOWENIENS

Die Bevölkerungszahl der zwölf Gemeinden Koroškas – die größte ist Dravograd mit 8.800 Einwohnern – beträgt etwas über 73.000 Einwohner, die Bevölkerungsdichte liegt bei einer Gesamtfläche von 1.041 lediglich bei rund 71 Einwohner pro km² (SI-Stat Data Portal). Koroška hat somit die geringste Siedlungsdichte und ist nach Graz die flächenmäßig kleinste Region im *Verdichtungsraum Graz-Maribor.*

Die demographische Entwicklung der Region fällt, gerade im slowenischen Vergleich, sehr positiv aus. Auf 1.000 Einwohner kommen 9,3 Geburten. Das durchschnittliche Alter bei der ersten Geburt beträgt 26,4 Jahre und liegt somit zwei Jahre unter dem Landesschnitt (Slovene Regions in Figures, 2006, S. 34). Diese Geburtenrate ist die höchste in sämtlichen untersuchten Regionen, aber auch in ganz Slowenien. Insgesamt kann Koroška seit 2001 auf ein leichtes Bevölkerungswachstum von rund 1,2 % zurückblicken. Die Alterstruktur ist – wie *Abbildung 3* zeigt – die günstigste Sloweniens, dennoch liegen die Anteile der Bevölkerungsgruppen der unter 20-Jährigen weit unter dem Durchschnitt des *Verdichtungsraums Graz-Maribor.* Überproportional vertreten sind insbesondere die Gruppen der 20- bis 34-jährigen Wohnbevölkerung, vor allem aber die Altersgruppen von 50 bis 59.

Abbildung 3: Bevölkerungsstruktur nach Geschlecht und Alter – Koroška 2005

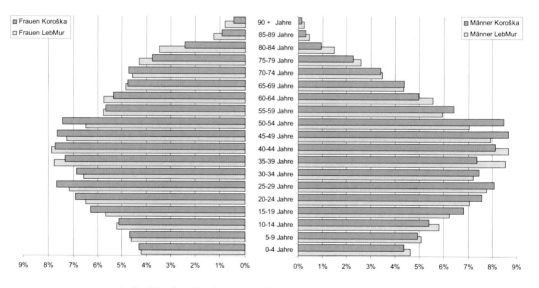

Quelle: SI-Stat Data Portal; eigene Berechnungen/Darstellung JR-InTeReg.

Die Arbeitslosenquote beträgt nach slowenischem Zensus 11 % (SI-Stat Data Portal), beziehungsweise 7 % nach EUROSTAT und ist die niedrigste in Nordslowenien. Dennoch sind gerade junge Menschen verstärkt von Arbeitslosigkeit betroffen. Die Arbeitslosenquote der unter 25-jährigen Frauen stieg in der Periode von 2001 bis 2004 unverhältnismäßig stark an (*ibid.*) – wie fast in allen untersuchten Regionen.

Das Ausbildungsniveau in der Region ist hoch und liegt nur leicht unter dem von Podravska. Die Anzahl der Universitäts- oder Fachhochschulabschlüsse je tausend Einwohner übersteigt die der anderen nordslowenischen statistischen Regionen, wie aus *Tabelle 8* ersichtlich ist:

Tabelle 8: Anzahl der Hochschulabschlüsse je 1000 Einwohner in Slowenien

	Slowenien	*Koroška*	*Pomurska*	*Podravska*
2001	5,97	5,88	4,28	5,42
2005	7,83	7,05	5,17	6,5

Quelle: SI-Stat Data Portal.

5.2   FOKUS UMWELT: ABGELEGENSTE REGION

Koroška umfasst nur rund 5 % der Gesamtfläche Sloweniens. Berge und Wälder – fast drei Viertel der Region sind bewaldet – prägen das Landschaftsbild. Dauerhaft besiedelt ist flächenmäßig nur ein Viertel Koroškas, größere Ansiedlungen finden sich insbesondere entlang der drei großen Flusstäler von Drava, Mežica und Mislinja. Die verkehrstechnischen Anbindungen an das Kernland sind nicht zuletzt aufgrund der gebirgigen Topographie schlecht. Die Region ist nur schwer zu erreichen – wie die niedrigen Erreichbarkeitsindikatoren zeigen – bei gleichzeitig hoher Geburtenrate und niedriger Abwanderung (siehe *Slovene Regions in Figures*, 2006).

5.3   FOKUS WIRTSCHAFT: BERGBAU UND INDUSTRIE PRÄGEN DIE REGION

Das regional BIP pro Kopf beträgt in etwa 48 % der EU 25 oder 80 % des Landsschnitts von Slowenien und entspricht in etwa dem von Podravska, verzeichnet jedoch überproportionale Wachstumsraten (*Statistical Yearbook of the Republic of Slovenia* 2005 b, S. 534).

Ökonomisch ist die Region industriell geprägt. Die größten Betriebe sind in der Textil- und Lederbranche, der Eisenerzeugung sowie im Maschinen- und Bergbau tätig. Von den slowenischen LebMur-Regionen erzielte Koroška im Jahr 2003 mit knapp 50 % die höchste Beschäftigungsquote in der Sachgüterproduktion (EUROSTAT). Dieser Sektor erwirtschaftet über die Hälfte der regionalen Wertschöpfung. Es dominieren Branchen mit „niedrigen Qualifikationsanforderungen und Produktivität und teilweise starker Außensteuerung" (Moro, 2000, S. 12). Obwohl der Umstrukturierungsprozess von der Planwirtschaft zur Marktwirtschaft in der Region relativ gut glückte – die Exportquote ist die zweithöchste Sloweniens (*ibid.*) –, ist die wirtschaftliche Abhängigkeit von einigen wenigen Großbetrieben problematisch, zumal der Anteil an KMU äußerst gering ist. Der schwach ausgebildete und klein strukturierte Landwirtschaftssektor ist äußerst unproduktiv. Im Dienstleistungssektor konnten insbesondere in den letzten Jahren beachtliche Wachstumsraten erzielt werden (vgl.: ibid, Horvat et al. S. 17 ff.).

Die Grenznähe zu Österreich, der sich zusehends entwickelnde Dienstleistungssektor, sowie ein sich langsam konsolidierender Arbeitsmarkt wie auch die relativ günstige demographische Entwicklung kennzeichnen diese nordslowenische Region und sollten auch in Zukunft die positive Wirtschaftsdynamik der vergangenen Jahre weiterhin positiv unterstützen.

5.4   APROPOS TOURISMUS: GERINGSTE NÄCHTIGUNGSDICHTE

Obwohl Koroška über landschaftlich durchaus reizvolle und für den Fremdenverkehr interessante Gebiete verfügt, ist der Tourismussektor stark unterentwickelt. Die Nächtigungszahl stagniert seit dem Jahre 2000 und liegt heute unter einer halben Nächtigung je Einwohner und Jahr – in der Oststeiermark sind es 20-mal mehr. Ähnlich stellt sich die Situation bei den Unterbringungsmöglichkeiten für Gäste dar, auf tausend Einwohner kommen gerade einmal 2,3 Hotelzimmer – in der Oststeiermark hingegen sind es 30.

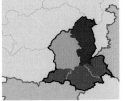

Special der Region

Tourismusregion :: 2,75 Millionen Nächtigungen :: 29 Hotelzimmer auf 1000 EW
Thermenregion, Vulkanland :: Kulinarikvorreiter

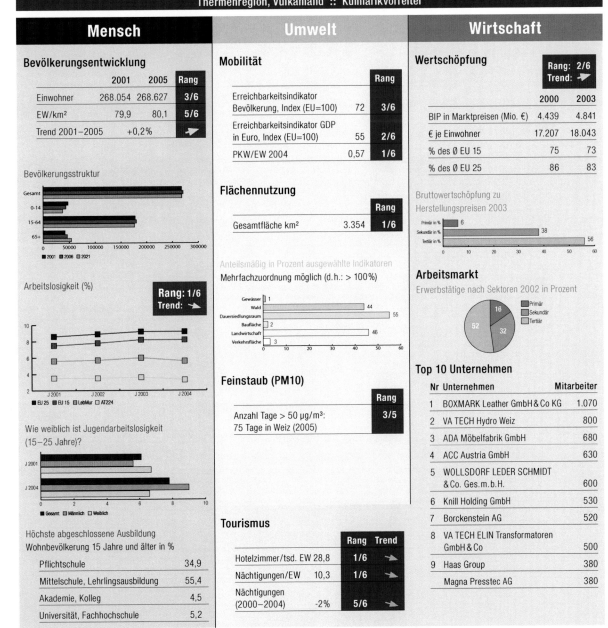

Mensch

Bevölkerungsentwicklung

	2001	2005	Rang
Einwohner	268.054	268.627	3/6
EW/km²	79,9	80,1	5/6
Trend 2001–2005	+0,2%		→

Bevölkerungsstruktur

(Balkendiagramm: Gesamt, 0-14, 15-64, 65+ für 2001, 2006, 2021)

Arbeitslosigkeit (%)

Rang: 1/6
Trend: ↗

(Liniendiagramm: EU 25, EU 15, LebMur, AT224 für J 2001 bis J 2004)

Wie weiblich ist Jugendarbeitslosigkeit (15–25 Jahre)?

(Balkendiagramm J 2001 und J 2004: Gesamt, Männlich, Weiblich)

Höchste abgeschlossene Ausbildung
Wohnbevölkerung 15 Jahre und älter in %

Pflichtschule	34,9
Mittelschule, Lehrlingsausbildung	55,4
Akademie, Kolleg	4,5
Universität, Fachhochschule	5,2

Umwelt

Mobilität

		Rang
Erreichbarkeitsindikator Bevölkerung, Index (EU=100)	72	3/6
Erreichbarkeitsindikator GDP in Euro, Index (EU=100)	55	2/6
PKW/EW 2004	0,57	1/6

Flächennutzung

		Rang
Gesamtfläche km²	3.354	1/6

Anteilsmäßig in Prozent ausgewählte Indikatoren
Mehrfachzuordnung möglich (d.h.: > 100%)

(Balkendiagramm: Gewässer 1, Wald 44, Dauersiedlungsraum 55, Baufläche 2, Landwirtschaft 46, Verkehrsfläche 3)

Feinstaub (PM10)

	Rang
Anzahl Tage > 50 µg/m³: 75 Tage in Weiz (2005)	3/5

Tourismus

		Rang	Trend
Hotelzimmer/tsd. EW	28,8	1/6	→
Nächtigungen/EW	10,3	1/6	→
Nächtigungen (2000–2004)	-2%	5/6	→

Wirtschaft

Wertschöpfung

Rang: 2/6
Trend: →

	2000	2003
BIP in Marktpreisen (Mio. €)	4.439	4.841
€ je Einwohner	17.207	18.043
% des Ø EU 15	75	73
% des Ø EU 25	86	83

Bruttowertschöpfung zu Herstellungspreisen 2003

(Balkendiagramm: Primär in % 6, Sekundär in % 38, Tertiär in % 56)

Arbeitsmarkt

Erwerbstätige nach Sektoren 2002 in Prozent

(Kreisdiagramm: Primär 16, Sekundär 32, Tertiär 52)

Top 10 Unternehmen

Nr	Unternehmen	Mitarbeiter
1	BOXMARK Leather GmbH & Co KG	1.070
2	VA TECH Hydro Weiz	800
3	ADA Möbelfabrik GmbH	680
4	ACC Austria GmbH	630
5	WOLLSDORF LEDER SCHMIDT & Co. Ges.m.b.H.	600
6	Knill Holding GmbH	530
7	Borckenstein AG	520
8	VA TECH ELIN Transformatoren GmbH & Co	500
9	Haas Group	380
	Magna Presstec AG	380

6. Oststeiermark (AT 225)

6.1   FOKUS MENSCH: NIEDRIGSTE ARBEITSLOSIGKEIT

Die steirische NUTS 3 Region Oststeiermark kann auf eine verhältnismäßig günstige Altersstruktur zurückblicken – wie *Abbildung 4* zeigt. Der Anteil der unter 20-jährigen Wohnbevölkerung liegt weit über dem Durchschnitt der steirischen, aber auch der slowenischen LebMur-Regionen, dies gilt insbesondere für Altersgruppen von 10 bis 19. Deutlich erkennbar ist auch der Einbruch bei den Geburtenjahrgängen von 1966 bis 1970 – den Generationen nach dem Baby Boom.

Abbildung 4: Bevölkerungsstruktur nach Geschlecht und Alter – Oststeiermark 2005

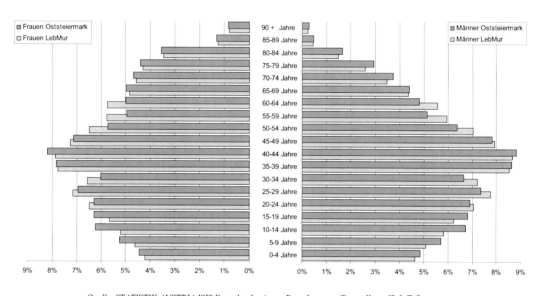

Quelle: STATISTIK AUSTRIA ISIS Datenbank; eigene Berechnungen/Darstellung JR-InTeReg.

Ingesamt umfasst die Oststeiermark – die flächenmäßig größte Region – 3.352 km², die Bevölkerungszahl liegt seit 2000 in etwa gleich bleibend bei 270.000 Einwohnern (80 Einwohner/ km², WIBIS). Die Region unterteilt sich in fünf politische Bezirke (siehe *Tabelle 9*).

Klar erkennbar ist der hohe Bevölkerungsrückgang im grenznahen und relativ abgelegenen Bezirk Radkersburg. Hier liegt die Geburtenziffer (auf 1.000 Einwohner kommen 7,6 Geburten) weit unter der Sterbeziffer (11,2 Todesfälle auf 1.000 Einwohner; siehe WIBIS, 2005). Die negative Geburtenbilanz geht einher mit einer ebenfalls negativen Wanderungsbilanz (*ibid.*). Im Bezirk Hartberg übertrifft die Anzahl der Geburten zwar die Sterbefälle, dieser natürliche Zuwachs vermag jedoch nicht die Abwanderung im Bezirk auszugleichen – was sich in einem leichten Einwohnerrückgang niederschlägt (*ibid.*).

Tabelle 9: Bevölkerungsentwicklung nach Bezirken – AT 225

	Weiz	Hartberg	Fürstenfeld	Feldbach	Radkersburg
Bevölkerung 2005	86.755	67.704	23.037	67.556	23.575
Fläche	1.069	955	264	727	337
Bevölkerungsentwicklung 2001-2005	+ 0,9 %	-0,1 %	+0,2 %	+0,5 %	- 2 %

Quelle: WIBIS, 2006 eigene Darstellung JR-InTeReg.

Die Arbeitslosigkeit ist die niedrigste im *Verdichtungsraum Graz-Maribor*, dennoch besteht – insbesondere für Akademiker – ein Mangel an attraktiven Arbeitgebern, die Pendlerquote ist hoch. Nach nationaler Berechnung[5] (2004) beträgt die Arbeitslosenquote 6,5 %, ist in Hartberg (7,9 %) und Fürstenfeld (7 %) am höchsten und in Weiz (5,3 %) am niedrigsten – wobei die Anzahl der Geringfügig- und Teilzeitbeschäftigten seit 2001 stark angestiegen war. Im Ganzen konnte die Beschäftigungsquote seit 2001 gesteigert werden, dennoch musste ein beachtliches Ansteigen der Jugendarbeitslosigkeit in Kauf genommen werden. Das Ausbildungsniveau der Oststeiermark liegt leicht unter dem Durchschnitt aller Regionen.

6.2   FOKUS UMWELT: HÖCHSTE PKW-DICHTE JE EINWOHNER

Die Infrastruktur der Hauptorte der Bezirke ist verkehrstechnisch in Richtung Graz relativ gut erschlossen, ansonsten tendenziell unterentwickelt. So sind wesentliche Versorgungseinrichtungen wie öffentlicher Verkehr und Ausbildungsmöglichkeiten oft nur ungenügend ausgebaut oder fehlen ganz, was sich auf die Standortattraktivität – im Speziellen auf Firmenneugründungen – negativ auswirkt (Regionaler Planungsbeirat – Bezirk Radkersburg, 2000). Diese Faktoren spiegeln sich auch in der Erreichbarkeit wider, der Indikator in Bezug auf das BIP in € ist nach Graz der zweithöchste, jener für die Bevölkerung liegt hinter dem der Weststeiermark auf Rang drei. Die relativ gute Anbindung für den Individualverkehr nach Graz spiegeln sich auch in der hohen Auspendelquote (und im Verkehrsaufkommen) wider, die in allen Teilen der Oststeiermark sehr hoch ist (WIBIS). Die PKW-Dichte je Einwohner ist die höchste im Untersuchungsraum. Rund 55 % der Oststeiermark sind dauerhaft besiedelt, wobei die Landwirtschaft 46 % und der Verkehr 3 % des Dauersiedlungsraumes einnehmen. Die Feinstaubbelastung liegt im Durchschnitt, ist im österreichischen – aber auch im europäischen Vergleich bei weitem zu hoch.

6.3   FOKUS WIRTSCHAFT: BETRÄCHTLICHE REGIONALE UNTERSCHIEDE

Für die gesamte Oststeiermark gilt, dass der Landwirtschaft mit einem Anteil an Erwerbstätigen von über 16 % (EUROSTAT) bei einer Wertschöpfung von 6 % des BIP eine überdurchschnittlich starke Bedeutung zukommt. Daneben ist auch der sekundäre Sektor, in dem 36 % der Beschäftigten tätig sind, sehr stark ausgeprägt. Im ausgeprägten Dienstleistungssektor (56 % der regionalen Bruttowertschöpfung, EUROSTAT) dominieren der Handel und wie bereits erwähnt der Tourismusbereich. Alles in allem erwirtschaftet die Oststeiermark sowohl absolut als auch relativ zur

---

[5] Hier gilt die österreichische Berechnung der Arbeitslosenquote auf Bezirksebene, siehe 2.1 Anmerkungen.

Bevölkerung das zweithöchste Bruttoregionalprodukt. Aufgrund beträchtlicher Disparitäten zwischen den Bezirken fällt es jedoch schwer, ein Gesamtbild der Region zu zeichnen. Im eher dünn besiedelten und überwiegend agrarisch strukturierten Radkersburg mit einer Bevölkerungsdichte von nur 70 Einwohnern/km^2 ist die Industrie unterentwickelt. Der Landwirtschafts- sowie Dienstleistungssektor, insbesondere der Tourismus rund um die Parktherme Bad Radkersburg und entlang der südsteirischen Weinstraße, spielen eine entscheidende Rolle im Bezirk (vgl.: Regionaler Planungsbeirat – Bezirk Radkersburg, 2000). Dies spiegelt sich auch in den äußerst hohen Nächtigungszahlen/Einwohner wider (vgl. *ibid.*). Der Bezirk Feldbach ist mit 90 Einwohnern/km^2 wesentlich dichter besiedelt als der Süden. Von der Wirtschaftsstruktur ähnelt Feldbach stark dem Bezirk Radkersburg. Auch hier ist die Agrarquote hoch und der tertiäre Sektor dominiert dank der Therme Bad Gleichenberg und dem Vorzeigeprojekt LAG Vulkanland (LEADER+; siehe Kirschner, Prettenthaler, 2006). Überregionale Relevanz kommt dem Studiengang der FH JOANNEUM „Gesundheitsmanagement im Tourismus" zu.

Die nördlichen Bezirke Hartberg und Weiz, in denen weit mehr als die Hälfte der Regionsbevölkerung lebt, sind durch eine bedeutende Sachgüterproduktion gekennzeichnet (WIBIS, 2006). Die Bevölkerungsdichte liegt im Regionsschnitt, im Dienstleistungsbereich ist der öffentliche Sektor stark unterentwickelt, der Handel spielt in beiden Bezirken eine große Rolle. Hohe Nächtigungszahlen erzielt nur die Thermenregion rund um Bad Waltersdorf bei Hartberg.

Fürstenfeld ist mit 23.037 Einwohnern und 87 EW/km^2 (WIBIS 2005) der kleinste Bezirk der Region und zeichnet sich durch einen relativ geringen Anteil des primären Sektors, einen ausgeprägten Tourismusanteil und einem starken produzierenden Sektor aus (*ibid.*). Von überregionaler Bedeutung ist der Verdichterhersteller ACC Austria GmbH mit rund 630 Beschäftigten.

6.4 APROPOS TOURISMUS: 2,75 MILLIONEN NÄCHTIGUNGEN IM JAHR

Die Oststeiermark weist trotz einer leichten Stagnation seit 2001 die höchsten Nächtigungszahlen auf – sowohl in relativen (pro Einwohner) als auch in absoluten Zahlen. Wie

Tabelle 10 zeigt, verfügt die Region im Vergleich zum gesamten *Verdichtungsraum Graz-Maribor* über mehr als doppelt so viele Hotels, aber auch Zimmer in Pensionen und sonstige Schlafgelegenheiten je tausend Einwohner. Dies ist vor allem auf die Attraktivität der Thermen als Naherholungs- und Kurzurlaubsziel zurückzuführen. Die Thermen um Blumau und Loipersdorf sind hoch profitabel (Regionaler Planungsbeirat Fürstenfeld, 1998) und erzielen zudem über das gesamte Jahr gute Auslastungen (WIBIS).

Tabelle 10: Tourismuseckdaten Oststeiermark

Angaben je 1.000 Einwohner	Hotels		Zimmer		Schlafgelegenheiten	
	2001	2004	2001	2004	2001	2004
LebMur Steiermark	0,9	0,87	17,44	17,18	32,55	32,07
LebMur Slowenien	0,14	0,12	3,88	4,38	7,09	8,14
LebMur gesamt	0,61	0,58	12,17	12,27	22,66	22,89
Oststeiermark	1,5	1,43	29,64	28,83	56,04	54,67

Quelle: EUROSTAT, eigene Darstellung, JR-InTeReg.

SI 002 Podravska

Regionsprofil

JR FACT SHEET No 5/2006 | **Autoren:** Eric Kirschner, Franz Prettenthaler

Special der Region

Eine Region im Wandel :: Vom Industriestandort zum Dienstleister :: 45% Nächtigungsplus seit 2001
52% mehr Uniabsolventen seit 1999

Mensch

Bevölkerungsentwicklung

	2001	2005	Rang
Einwohner	319.907	319.282	2/6
EW/km²	147,4	147,1	2/6
Trend 2001–2005	-0,2%		➘

Bevölkerungsstruktur

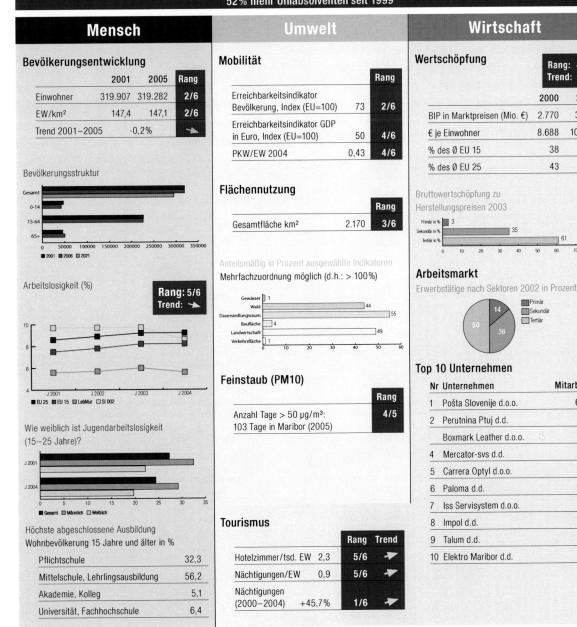

(Gesamt, 0-14, 15-64, 65+; 2001, 2006, 2021)

Arbeitslosigkeit (%)

Rang: 5/6
Trend: ➘

(EU 25, EU 15, LebMur, SI 002; J 2001 – J 2004)

Wie weiblich ist Jugendarbeitslosigkeit (15–25 Jahre)?

(J 2001, J 2004; Gesamt, Männlich, Weiblich)

Höchste abgeschlossene Ausbildung
Wohnbevölkerung 15 Jahre und älter in %

Pflichtschule	32,3
Mittelschule, Lehrlingsausbildung	56,2
Akademie, Kolleg	5,1
Universität, Fachhochschule	6,4

Umwelt

Mobilität

		Rang
Erreichbarkeitsindikator Bevölkerung, Index (EU=100)	73	2/6
Erreichbarkeitsindikator GDP in Euro, Index (EU=100)	50	4/6
PKW/EW 2004	0,43	4/6

Flächennutzung

		Rang
Gesamtfläche km²	2.170	3/6

Anteilsmäßig in Prozent ausgewählte Indikatoren
Mehrfachzuordnung möglich (d.h.: > 100%)

Gewässer 1
Wald 44
Dauersiedlungsraum 55
Baufläche 4
Landwirtschaft 49
Verkehrsfläche 1

Feinstaub (PM10)

	Rang
Anzahl Tage > 50 µg/m³: 103 Tage in Maribor (2005)	4/5

Tourismus

		Rang	Trend
Hotelzimmer/tsd. EW	2,3	5/6	➚
Nächtigungen/EW	0,9	5/6	➚
Nächtigungen (2000–2004)	+45,7%	1/6	➚

Wirtschaft

Wertschöpfung

Rang: 4/6
Trend: ➙

	2000	2003
BIP in Marktpreisen (Mio. €)	2.770	3.314
€ je Einwohner	8.688	10.366
% des Ø EU 15	38	42
% des Ø EU 25	43	48

Bruttowertschöpfung zu Herstellungspreisen 2003

Primär in % 3
Sekundär in % 35
Tertiär in % 61

Arbeitsmarkt
Erwerbstätige nach Sektoren 2002 in Prozent

(Primär 14, Sekundär 36, Tertiär 50)

Top 10 Unternehmen

Nr	Unternehmen	Mitarbeiter
1	Pošta Slovenije d.o.o.	6.300
2	Perutnina Ptuj d.d.	1.700
	Boxmark Leather d.o.o.	1.700
4	Mercator-svs d.d.	1.550
5	Carrera Optyl d.o.o.	1.500
6	Paloma d.d.	1.200
7	Iss Servisystem d.o.o.	1.150
8	Impol d.d.	1.000
9	Talum d.d.	950
10	Elektro Maribor d.d.	880

7. Podravska (SI 002)

7.1   FOKUS MENSCH: MARIBOR PRÄGT DIE REGION

Podravska ist in Bezug auf die Bevölkerungszahl – im Jahre 2005 wurden 319.282 Einwohner gezählt (SI-Stat Data Portal) – die drittgrößte Region des *Verdichtungsraums Graz-Maribor*. Wirtschaftlich, sozial und kulturell wird sie von dem nur sechzehn Kilometer von der österreichischen Grenze entfernt liegenden Maribor mit seinen 133.000 Einwohnern geprägt. Die Universität Maribor ist mit über 25.000 Studierenden (akademisches Jahr 2004/2005, siehe SI-Stat Data Portal) nach Ljubljana die zweitgrößte Hochschule des Landes, was sich für die Standortqualität, besonders hinsichtlich wissens- und technologieintensiver Branchen, äußerst positiv auswirkt. Bemerkenswert ist, dass über 80 % der Studierenden aus den angrenzenden nordslowenischen Regionen stammen (*ibid.*). Das Ausbildungsniveau der Bevölkerung ist hoch – rund 11,5 % der über 15-Jährigen verfügen über einen Universitäts- oder Fachhochschulabschluss oder absolvierten eine vergleichbare Ausbildung auf einer Akademie beziehungsweise einem Kolleg.

Seit 1990 ist ein starker Bevölkerungsschwund zu beobachten, der sich erst in den letzten Jahren abschwächte. Die Bevölkerungsdichte sank von 151,3 Personen pro km^2 im Jahr 1990 auf den derzeitigen Wert von 147 Personen pro km^2 (Statistical Office of the Republic of Slovenia, 2005 a). Der Anteil der unter 10-jährigen Bevölkerung ist einer der niedrigsten im Untersuchungsgebiet, der der Altersgruppe 60 + einer der höchsten Nordsloweniens (siehe *Abbildung 5*).

Abbildung 5: Bevölkerungsstruktur nach Geschlecht und Alter – Podravska 2005

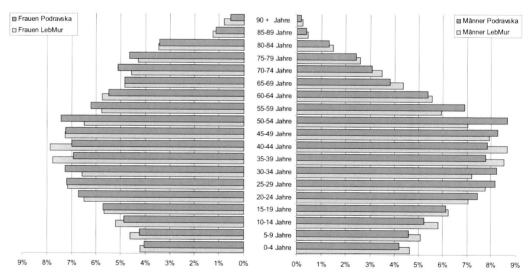

Quelle: SI-Stat Data Portal; eigene Berechnungen/Darstellung JR-InTeReg.

Während Maribor, aber auch die größeren Gemeinden wie beispielsweise Ptuj (Pettau) den starken Geburtenrückgang wenigstens teilweise durch eine positive Wanderungsbilanz ausgleichen können, zeichnen die nationalen Bevölkerungsprognosen (*ibid.*) vor allem für kleine Gemeinden abseits der größeren Städte ein dramatisches Bild. Zahlreiche abgelegene ländliche Gebiete drohen regelrecht entvölkert zu werden. Hier geht eine hohe Arbeitslosigkeit einher mit einer starken Abwanderung und einer Überalterung der Bevölkerung. Insgesamt wird für Podravska bis zum Jahr 2021 ein Rückgang von 23.500 Einwohnern oder 7,5 % der Regionsbevölkerung erwartet.

Tabelle 11: Bevölkerungsentwicklung in Podravska

Jahr	Slowenien	Podravska	Maribor	Ptuj
1999	1.987.755	k.A	115.532	24.087
2001	1.994.026	320.078	114.436	24.108
2003	1.996.433	319.426	112.558	23.921
2005	2.003.358	319.235	111.073	23.791

Quelle: SI-Stat Data Portal, 2006, eigene Darstellung, JR-InTeReg

Die Arbeitslosigkeit (2004) in der gesamten Region ist mit 8,6 % (EUROSTAT) nach Pomurska die zweithöchste. Darüber hinaus beträgt die Beschäftigungsquote der über 15-Jährigen gerade einmal 51,6 % (Slovene Regions in Figures, 2006). Dennoch konnte die Region in jüngster Vergangenheit einige beachtliche Erfolge verbuchen, die Arbeitslosigkeit ist am Sinken, in den Jahren von 2001 bis 2004 betrug diese noch annähernd 10 %. Auch war es Podravska als einziger Region des *Verdichtungsraums Graz-Maribor* gelungen, die Jugendarbeitslosigkeit zu senken. Was nochmals auf die zentrale Bedeutung von Maribor und die dortigen vergleichsweise stark entwickelten Dienstleistungs- und Industriesektoren zurückzuführen ist.

7.2   FOKUS UMWELT: MOBILSTE REGION NORDSLOWENIENS

Maribor ist neben Graz als das zweite Agglomerationszentrum im *Verdichtungsraum Graz-Maribor* zu verstehen. Die Infrastruktur rund um die Stadt ist gut ausgebaut, die Hochleistungsstraßen verbinden den Großraum mit Graz und Ljubljana. Der Erreichbarkeitsindikator Bevölkerung ist nach Graz der höchste, in Bezug auf das BIP liegt der Indikator nur unwesentlich hinter dem der West- und Südsteiermark gemeinsam mit Koroška auf Rang vier. Die PKW-Dichte je Einwohner der Region ist die höchste in Nordslowenien und liegt bei 0,43. Infrastrukturell benachteiligt ist die ohnehin wenig erschlossene und agrarisch geprägte Peripherie. In der Flächennutzung dominiert der Dauersiedlungsraum, nur 44 % der Region sind bewaldet – dies ist der niedrigste Wert sämtlicher untersuchter Regionen. Die Feinstaubbelastung ist hoch, 2005 wurde der maximal zulässige Grenzwert in Maribor an über 100 Tagen überschritten.

7.3   FOKUS WIRTSCHAFT: 20 % WIRTSCHAFTSWACHSTUM IN VIER JAHREN

Wirtschaftlich war Podravska vor dem Zusammenbruch Jugoslawiens vorwiegend Industrie-güterproduzent; Staatsbetriebe fertigten fast ausschließlich für die jugoslawische Volksarmee. Nach dem Wegfall dieser Märkte gelang den unterentwickelten Staatsbetrieben die Anpassung an internationale Standards nur schwer oder gar nicht. Die Industrie – im Wesentlichen dominiert vom Metall-, Chemie- und Papiersektor – ist neben einem stark wachsenden Dienstleistungssektor immer noch einer der bedeutendsten Arbeitgeber der Region (vgl.: Horvat et al., 1999, S. 160). Im Dienstleistungssektor, der die Hälfte der regionalen Wertschöpfung ausmacht, sind 61 % der Erwerbstätigen tätig. Dies sind bei weitem die höchsten Anteile im slowenischen Teil des *Verdichtungsraums Graz-Maribor* – wobei die staatliche Post bei weitem der größte Arbeitgeber der Region, aber auch der Gesamtregion ist.

Das Umland von Maribor, speziell die an Pomurska angrenzenden Gemeinden, weisen den zweithöchsten slowenischen Beschäftigtenanteil im Agrarsektor auf und sind verhältnismäßig schwach entwickelt (Statistical Office of the Republic of Slovenia 2005 b, S. 542) – was sich in einem relativ hohen Beschäftigungsanteil des primären Sektors von rund 14 % – bei einer Wertschöpfung von nur 3 % – niederschlägt. Die regionsspezifische Produktivität ist im Vergleich zu den steirischen Regionen noch relativ gering, dennoch ist das BIP/Kopf das höchste Nordsloweniens und beträgt mittlerweile 42 % des EU 15-, beziehungsweise 48 % des EU 25-Durchschnitts. Das Wirtschaftwachstum ist beachtlich, von 2000 bis 2003 wuchs das regionale BIP um 20 % – weit mehr als in jeder anderen Region.

Insgesamt zeichnet sich für Podravska ein sehr heterogenes Bild. Die besten Entwicklungsmöglichkeiten haben mit Sicherheit die größeren Städte, vor allem Maribor und seine Umgebung. Hier wurde der Strukturwandel von der Planwirtschaft zur Marktwirtschaft am ehesten vollzogen, wie die wirtschaftliche Dynamik, das sehr gute Ausbildungsniveau der Bevölkerung und die guten Anbindungen an die hochrangige Verkehrsinfrastruktur zeigen. Aufholbedarf gibt es in der von Überalterung geprägten Peripherie, die kleinstrukturierte Landwirtschaft ist äußerst unproduktiv – zahlreiche Strukturanpassungen, insbesondere im produzierenden Sektor, stehen noch aus.

7.4 APROPOS TOURISMUS: HÖCHSTE ZUWACHSRATE

Der Fremdenverkehr nimmt in Podravska eine zunehmend bedeutende Rolle ein, seit 2000 konnten, wie *Tabelle 12* zeigt, die Nächtigungszahlen um fast die Hälfte gesteigert werden. Dies ist einerseits auf den Städte- und Kongresstourismus rund um Maribor, aber auch Ptuj zurückzuführen, andererseits ist es im nordwestlichen Hügelland, das historisch ein Teil der südsteirischen Weinbauregion ist, gelungen, attraktive Angebote rund um den Weinbau einzurichten. Auch wurden einige Thermen Grenznähe zur Steiermark eröffnet – beispielsweise in Lendava, Ptuj, Murska Sobota und Radnci.

Tabelle 12: Nächtigungszahlen 2000-2004

	Pomurska	Podravska	Koroška	LebMurSlo	LebMurStmk	LebMur
2000	637.779	201.996	48.685	890.460	4.357.745	5.248.205
2004	754.976	294.385	32.713	1.084.078	4.434.482	5.518.560
Gesamtzuwachs 2004-2004	+18,4 %	+45,7 %	-33 %	+22 %	+2 %	+5 %

Quelle: SI-Stat, 2006/WIBIS, 2006, eigene Darstellung, JR-InTeReg

SI 001 Pomurska

Regionsprofil

JR FACT SHEET No 6/2006 | **Autoren:** Eric Kirschner, Franz Prettenthaler

Special der Region

Agrarregion :: Höchste Traktorendichte (0,125/EW) :: 9,6 Bauernhöfe je 100 Einwohner
28% Beschäftigte in der Landwirtschaft :: hohes Tourismuspotential

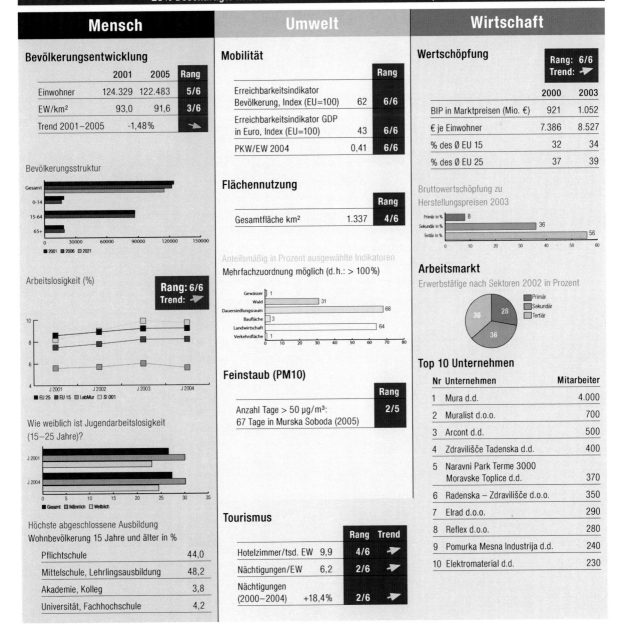

Mensch

Bevölkerungsentwicklung

	2001	2005	Rang
Einwohner	124.329	122.483	5/6
EW/km²	93,0	91,6	3/6
Trend 2001–2005	-1,48%		➘

Bevölkerungsstruktur

(Balkendiagramm: Gesamt, 0-14, 15-64, 65+; Achse 0 bis 150000)
■ 2001 ■ 2005 □ 2021

Arbeitslosigkeit (%)

**Rang: 6/6
Trend:** ➚

(Liniendiagramm J 2001 – J 2004)
■ EU 25 ■ EU 15 ■ LabMur □ SI 001

Wie weiblich ist Jugendarbeitslosigkeit (15–25 Jahre)?

(Balkendiagramm J 2001 und J 2004; Achse 0 bis 35)
■ Gesamt ■ Männlich □ Weiblich

Höchste abgeschlossene Ausbildung
Wohnbevölkerung 15 Jahre und älter in %

Pflichtschule	44,0
Mittelschule, Lehrlingsausbildung	48,2
Akademie, Kolleg	3,8
Universität, Fachhochschule	4,2

Umwelt

Mobilität

		Rang
Erreichbarkeitsindikator Bevölkerung, Index (EU=100)	62	6/6
Erreichbarkeitsindikator GDP in Euro, Index (EU=100)	43	6/6
PKW/EW 2004	0,41	6/6

Flächennutzung

		Rang
Gesamtfläche km²	1.337	4/6

Anteilsmäßig in Prozent ausgewählte Indikatoren
Mehrfachzuordnung möglich (d.h.: > 100%)

(Balkendiagramm)
Gewässer 1
Wald 31
Dauersiedlungsraum 68
Baufläche 3
Landwirtschaft 64
Verkehrsfläche 1

Feinstaub (PM10)

	Rang
Anzahl Tage > 50 µg/m³: 67 Tage in Murska Soboda (2005)	2/5

Tourismus

		Rang	Trend
Hotelzimmer/tsd. EW	9,9	4/6	➘
Nächtigungen/EW	6,2	2/6	➘
Nächtigungen (2000–2004)	+18,4%	2/6	➘

Wirtschaft

Wertschöpfung

**Rang: 6/6
Trend:** ➚

	2000	2003
BIP in Marktpreisen (Mio. €)	921	1.052
€ je Einwohner	7.386	8.527
% des Ø EU 15	32	34
% des Ø EU 25	37	39

Bruttowertschöpfung zu Herstellungspreisen 2003

(Balkendiagramm)
Primär in % 8
Sekundär in % 36
Tertiär in % 56

Arbeitsmarkt

Erwerbstätige nach Sektoren 2002 in Prozent

(Kreisdiagramm: 36 / 28 / 36)
■ Primär
■ Sekundär
□ Tertiär

Top 10 Unternehmen

Nr	Unternehmen	Mitarbeiter
1	Mura d.d.	4.000
2	Muralist d.o.o.	700
3	Arcont d.d.	500
4	Zdravilišče Tadenska d.d.	400
5	Naravni Park Terme 3000 Moravske Toplice d.d.	370
6	Radenska – Zdravilišče d.o.o.	350
7	Elrad d.o.o.	290
8	Reflex d.o.o.	280
9	Pomurka Mesna Industrija d.d.	240
10	Elektromaterial d.d.	230

8. Pomurska (SI 001)

8.1 FOKUS MENSCH: ABWANDERUNG UND ÜBERALTERUNG

In Pomurska, der nördlichsten statistischen Region Sloweniens an der Grenze zu Ungarn, leben rund 12.000 Einwohner auf einer Fläche von 134 km². Die Bevölkerungsdichte reduzierte sich von 98,2 im Jahre 1990 auf heute 91,6 EW/ km², allein in der Periode von 2001 bis 2005 sank die Einwohnerzahl um fast 1,5 %. Der Bevölkerungsschwund ist somit der höchste Sloweniens (Statistical Office of the Republic of Slovenia 2005 b, S. 542). In keiner anderen slowenischen Region ist der Bevölkerungsanteil der unter 40-Jährigen dermaßen gering, wie *Abbildung 6* verdeutlicht. Überproportional viele der heute 50 bis 74 Jahre alten Personen leben in der Region.

Abbildung 6: Bevölkerunkstruktur nach Geschlecht und Alter – Pomurska 2005

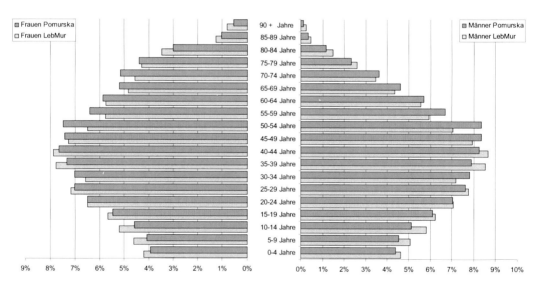

Quelle: SI-Stat Data Portal; eigene Berechnungen/Darstellung JR-InTeReg.

Bis 2021 werden nach nationalen Schätzungen (Statistical Office of the Republic of Slovenia) keine 115.000 Einwohner mehr in der Region leben, was einem Rückgang von über 6 % entspricht. Territorial ist die Region in 26 Gemeinden untergliedert, die meisten zählen jedoch kaum mehr als ein paar kleinere Ansiedlungen. Gerade in den kleinen Gemeinden nördlich der Mur ist die demographische Entwicklung dramatisch, aber auch die größeren Gemeinden der Region sind – wie in *Tabelle 13* abgebildet – von dieser Entwicklung nicht ausgenommen.

Tabelle 13: Demographische Entwicklung in Pomurska/ausgewählten Gemeinden

Jahr	Pomurska	Lendava/ Lendva	Murska Sobota	Gornja Radgona	Cankova	Grad	Hodoš/ Hodos
1999	k.A	11.771	20.286	12.607	2.116	2.602	390
2001	123.948	11.676	20.152	12.539	2.081	2.406	361
2003	123.073	11.547	19.959	12.489	2.053	2.386	338
2005	122.483	11.420	19.717	12.410	2.009	2.354	342

Quelle: SI-Stat, 2006, eigene Darstellung, JR-InTeReg.

Die Region ist traditionell eine Grenzregion, im Norden liegen Österreich und Ungarn, im Süden Kroatien. Dicht besiedelt ist das Murtal, das fast die Hälfte der Regionsfläche ausmacht. Die Gebiete nördlich der Mur waren bis 1920 Teil des ungarischen Königreiches und wurden erst durch den Vertrag von Trianon Teil Jugoslawiens. Die dort lebenden Protestanten waren – wie in ganz Transleithanien – im Zuge der Gegenreformation nicht vertrieben worden. Bis heute leben in Pomurska die meisten Protestanten Sloweniens, auch gibt es, wie in *Tabelle 14* dargestellt, um Lendava/Lendva eine starke ungarische Minderheit.

Tabelle 14: Ausgewählte Bevölkerungsgruppen nach Muttersprache und Religionsbekenntnis in Slowenien

	Slowenien	Pomurska	Podravska	Koroška
Total	1.964.036	120.875	310.743	73.296
Slowenen	1.723.434	107.596	285.404	69.095
Ungarn	7713	6640	190	15
Roma und Sinti	3834	1227	567	--
Protestanten (AB)	16.135	13.037	672	108

Quelle: Statistical Office of the Republic of Slovenia, Census of Population, Households and Housing, 2002.

Strukturell, demographisch und ökonomisch ist Pomurska bei weitem die am schwächsten entwickelte Region im *Verdichtungsraum Graz-Maribor*. Die regionale Arbeitslosenquote beträgt 9,7 % nach EUROSTAT (2004). Über die Hälfte der 15 bis 24 Jahre alten Erwerbspersonen sind arbeitslos, trotz einiger leichter Besserungen in den letzten Jahren war eine Trendwende am Arbeitsmarkt bisher nicht gelungen.

Erschwerend wirken sich zudem mangelnde Ausbildungsmöglichkeiten in der Region und der mit unter 20.000 Einwohnern relativ kleinen Provinzhauptstadt Murska Sobota aus. Die Zahl der aus dieser Region kommenden Studenten ist unverhältnismäßig klein (siehe Statistical Office of the Republic of Slovenia 2005 b, S. 541 f.), die Anzahl der Akademiker ist gering. Fast 45 % der über 15-jährigen Wohnbevölkerung verfügen nur über einen Pflichtschulabschluss.

8.2 FOKUS UMWELT: EINE REGION IN ÄUßERSTER RANDLAGE

Die äußerste Randlage Pomurskas belastet die Entwicklungschancen der Region, die slowenischen Ballungsgebiete, aber auch regionale Zentren wie Graz oder Sopron/Ödenburg sind nur schwer erreichbar. Anbindungen an das Hochleistungsverkehrsnetz fehlen. Zudem grenzt Pomurska an relativ strukturschwache Regionen im Burgenland, der Oststeiermark und Ungarn. Diese Umstände zeigen sich auch in den Erreichbarkeitsindikatoren. In keiner anderen Region des *Verdichtungsraums Graz-Maribor* sind diese niedriger, nirgends gibt es weniger PKW je Einwohner – wobei die Traktorendichte bei weitem die höchste aller Regionen ist. Pomurska selbst ist extensiv besiedelt, rund 70 % der Gesamtfläche sind Dauersiedlungsraum, wobei die Landwirtschaft den größten Anteil ausmacht, bewaldet sind nur 21 %. Besondere Bedeutung kommt den Weinbaugebieten an der österreichischen Grenze und um Lendava/Lendva zu.

8.3 FOKUS WIRTSCHAFT: GERINGSTES EINKOMMENSNIVEAU NORDSLOWENIENS

Podravska ist die ärmste Region im *Verdichtungsraum Graz-Maribor*, das BIP je Einwohner lag im Jahr 2002 gerade einmal bei € 8.527. Dies entspricht nur 39 % des europäischen Durchschnitts, wie in *Tabelle 15* gezeigt wird.

Tabelle 15: Regionales BIP der LebMur-Regionen/Nordsloweniens 2003

	LebMur	LebMurStmk	LebMurSlo	Pomurska	Podravska	Koroška
BIP (Mio. €)	25.541	20.458	5.083	1.052	3.314	717
€ je Einwohner	19.003	24.735	9.833	8.527	10.366	9.708
% des Ø EU 15	87 %	114 %	40 %	34 %	42 %	39 %
% des Ø EU 25	77 %	100 %	45 %	39 %	48 %	45 %

Quelle: EUROSTAT, eigene Berechnungen, JR-InTeReg.

Die Produktivität und das BIP/Kopf sind von allen slowenischen Regionen am niedrigsten, größere Zuwachsraten konnten, vor allem aufgrund struktureller Probleme, nicht erzielt werden. Der Strukturwandel ist bei weitem noch nicht abgeschlossen, Umstrukturierungen stehen in der unproduktiven Sachgüterproduktion noch aus. Einzige Ausnahme bildet der Fremdenverkehr, nur hier konnten – wie bereits angesprochen – beachtliche wirtschaftliche Erfolge erzielt werden.

Die Region ist traditionell agrarisch geprägt, 28 % der Erwerbstätigen sind in der äußerst unproduktiven Landwirtschaft tätig – dieser Sektor trägt mit 8 % zur regionalen Wertschöpfung bei (EUROSTAT). Strukturell zu vergleichen ist die Region mit dem weiteren Umfeld von Maribor, wobei die Anbindungen an ein solches regionales Zentrum fehlen. In der Sachgüterproduktion ist die Textilindustrie der größte Arbeitgeber (vgl. dazu: Horvat et al., 1999, S. 72. ff.), beim größten Arbeitgeber der Region, dem Textilerzeuger Mura d.d., sind fast 4000 Erwerbstätige beschäftigt. Der tertiäre Sektor, der 56 % der Wertschöpfung ausmacht, ist am produktivsten, dies ist hauptsächlich auf den Fremdenverkehr zurückzuführen – im Speziellen auf „sanften Tourismus" rund um die

Weinbaugebiete, den Gesundheits- beziehungsweise Thermentourismus und die Jagd (vgl.: Slovene Regions in Figures, S. 34 ff.).

8.4   APROPOS TOURISMUS: DYNAMISCHSTER WIRTSCHAFTSZWEIG

Fast drei Viertel der Nächtigungen der nordslowenischen statistischen Regionen fallen auf Pomurska. Die Anzahl der Nächtigungen je Einwohner ist nach der Oststeiermark die zweithöchste, in den Jahren von 2000 bis 2004 konnte eine Steigerung von insgesamt 18,4 % erreicht werden (siehe *Tabelle 12*, S. 38). Die Anzahl der Hotelzimmer steigt stetig und ist, bezogen auf die Bevölkerung, die höchste der slowenischen Regionen. Der Fremdenverkehr ist auch der einzige Wirtschaftszweig der Region, der konstante Wachstumsraten aufzuweisen hat – die Thermen der Region gehören zu den bedeutendsten Arbeitgebern (vgl. Statistische Quellen, Ajpes).

AT 225 West- und Südsteiermark

Regionsprofil

JR FACT SHEET No 7/2006 | **Autoren:** Eric Kirschner, Franz Prettenthaler

Special der Region

Weinregion :: 63% der steirischen Weingärten :: 2.786 ha Rebfläche :: Naherholungsgebiet für Graz :: Kulinarikregion

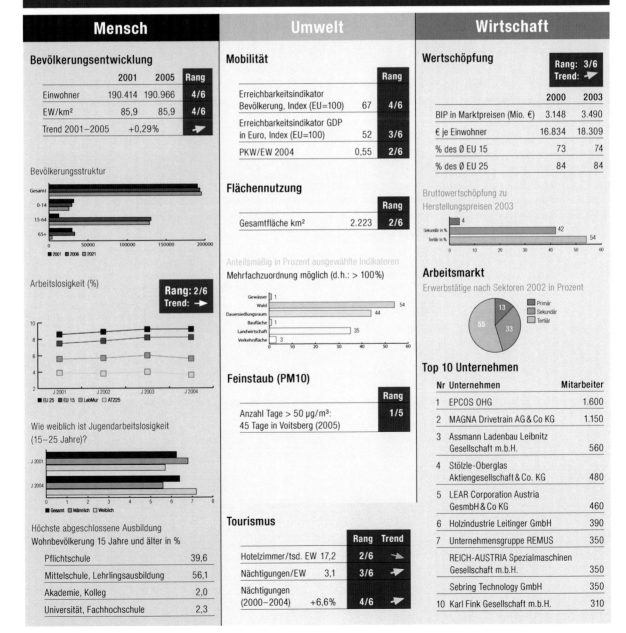

Mensch

Bevölkerungsentwicklung

	2001	2005	Rang
Einwohner	190.414	190.966	4/6
EW/km²	85,9	85,9	4/6
Trend 2001–2005	+0,29%		➔

Bevölkerungsstruktur

Gesamt / 0–14 / 15–64 / 65+
0 – 50000 – 100000 – 150000 – 200000
■ 2001 ■ 2006 □ 2021

Arbeitslosigkeit (%)

Rang: 2/6
Trend: ➔

10 / 8 / 6 / 4 / 2
J 2001 J 2002 J 2003 J 2004
■ EU 25 ■ EU 15 ■ LebMur □ AT225

Wie weiblich ist Jugendarbeitslosigkeit (15–25 Jahre)?

J 2001
J 2004
0 1 2 3 4 5 6 7 8
■ Gesamt ■ Männlich □ Weiblich

Höchste abgeschlossene Ausbildung
Wohnbevölkerung 15 Jahre und älter in %

Pflichtschule	39,6
Mittelschule, Lehrlingsausbildung	56,1
Akademie, Kolleg	2,0
Universität, Fachhochschule	2,3

Umwelt

Mobilität

		Rang
Erreichbarkeitsindikator Bevölkerung, Index (EU=100)	67	4/6
Erreichbarkeitsindikator GDP in Euro, Index (EU=100)	52	3/6
PKW/EW 2004	0,55	2/6

Flächennutzung

		Rang
Gesamtfläche km²	2.223	2/6

Anteilsmäßig in Prozent ausgewählte Indikatoren
Mehrfachzuordnung möglich (d.h.: > 100%)

Gewässer 1
Wald 54
Dauersiedlungsraum 44
Baufläche 1
Landwirtschaft 35
Verkehrsfläche 3
0 10 20 30 40 50 60

Feinstaub (PM10)

	Rang
Anzahl Tage > 50 µg/m³: 45 Tage in Voitsberg (2005)	1/5

Tourismus

		Rang	Trend
Hotelzimmer/tsd. EW	17,2	2/6	➔
Nächtigungen/EW	3,1	3/6	➘
Nächtigungen (2000–2004)	+6,6%	4/6	➘

Wirtschaft

Wertschöpfung

Rang: 3/6
Trend: ➔

	2000	2003
BIP in Marktpreisen (Mio. €)	3.148	3.490
€ je Einwohner	16.834	18.309
% des Ø EU 15	73	74
% des Ø EU 25	84	84

Bruttowertschöpfung zu Herstellungspreisen 2003

Primär in % 4
Sekundär in % 42
Tertiär in % 54
0 10 20 30 40 50 60

Arbeitsmarkt
Erwerbstätige nach Sektoren 2002 in Prozent

55 / 33 / 13
■ Primär □ Sekundär □ Tertiär

Top 10 Unternehmen

Nr	Unternehmen	Mitarbeiter
1	EPCOS OHG	1.600
2	MAGNA Drivetrain AG & Co KG	1.150
3	Assmann Ladenbau Leibnitz Gesellschaft m.b.H.	560
4	Stölzle-Oberglas Aktiengesellschaft & Co. KG	480
5	LEAR Corporation Austria GesmbH & Co KG	460
6	Holzindustrie Leitinger GmbH	390
7	Unternehmensgruppe REMUS	350
	REICH-AUSTRIA Spezialmaschinen Gesellschaft m.b.H.	350
	Sebring Technology GmbH	350
10	Karl Fink Gesellschaft m.b.H.	310

9. West- und Südsteiermark (AT 221)

9.1   FOKUS MENSCH: NIEDRIGSTE AKADEMIKERQUOTE

Die NUTS 3 Region West- und Südsteiermark umfasst auf 2.223 km² die steirischen Bezirke Leibnitz, Deutschlandsberg und Voitsberg. Insgesamt leben hier 190.966 Einwohner, was einer Bevölkerungsdichte von 86 EW/ km², beziehungsweise dem vierten Rang im *Verdichtungsraum Graz-Maribor* entspricht. Die demographische Struktur (siehe *Abbildung 7*) liegt in etwa im Durchschnitt der steirischen Regionen, zeigt jedoch einen relativ geringen Anteil der Bevölkerungsgruppen der 20- bis 30-Jährigen. Besonderes ausgeprägt ist der Einbruch der Geburtenraten nach den Baby-Boom-Generationen.

Abbildung 7: Bevölkerungsstruktur nach Geschlecht und Alter – West- und Südsteiermark 2005

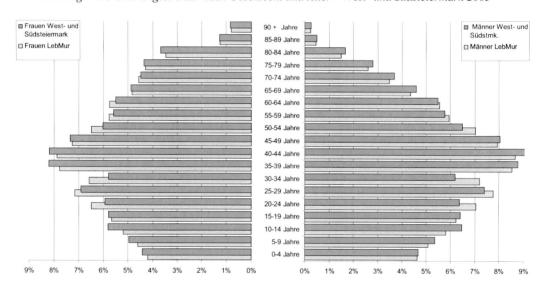

Quelle: STATISTIK AUSTRIA ISIS Datenbank; eigene Berechnungen/Darstellung JR-InTeReg.

In der Periode von 2001-2005 konnte insgesamt ein leichtes Bevölkerungswachstum von 0,3 % erzielt werden, eine positive Bevölkerungsentwicklung ist – wie in *Tabelle 16* aufgezeigt – jedoch nur im Bezirk Leibnitz zu beobachten.

Tabelle 16: Bevölkerungsentwicklung nach Bezirken – AT 221

	Voitsberg		Deutschlandsberg		Leibnitz	
Jahr	*2001*	*2005*	*2001*	*2005*	*2001*	*2005*
Bevölkerung	53.588	53.250	61.498	61.391	75.328	76.325
EW/km2	79,0	78,5	71,3	71,1	110,6	112,1
2001-2005	-0,6 %		-0,2 %		+1,3 %	

Quelle: WIBIS, eigene Darstellung, JR-InTeReg.

Die Arbeitslosigkeit in der West- und Südsteiermark ist auf konstant niedrigem Niveau und liegt nach EUROSTAT bei 3,6 % – wobei die Region die niedrigste Jugendarbeitslosigkeit aufweist.

Im Bereich Bildung geben über 56 % der Wohnbevölkerung eine Mittelschul– oder Lehrlingsausbildung als höchste abgeschlossene Ausbildung an, mehr als in jeder anderen Region. Nur 4,3 % der Bevölkerung verfügen über einen Universitätsabschluss oder eine vergleichbare Ausbildung, weniger als in jeder anderen Region.

9.2 FOKUS UMWELT: AM MEISTEN PKW/EINWOHNER

Die Erreichbarkeitsindikatoren liegen bei 67 für Bevölkerung und 52 für BIP – somit nur leicht über den Werten des gesamten *Verdichtungsraums Graz-Maribor*. Lediglich bei der PKW-Dichte je Einwohner – diese ist nach der Oststeiermark die höchste – nimmt die West- und Südsteiermark eine Spitzenposition ein, nicht zuletzt aufgrund von Defiziten im öffentlichen Personenverkehr. Der Individualverkehr verfügt, abgesehen vom südlichsten Teil Deutschlandbergs, über gute Anbindungen an leistungsfähige Straßen und das europäische Verkehrsnetz. Die Zahl der Auspendler wächst kontinuierlich, die guten Straßen-Anbindungen machen Graz zum Haupteinzugsgebiet für Pendler aus dieser Region – 60 % sind in der Landeshauptstadt beschäftigt.

Im Bereich Flächennutzung machen Wälder 64 % der Gesamtfläche von 2.223 km^2 aus. Der Anteil der Landwirtschaft am Dauersiedlungsraum, der 44 % der Gesamtfläche ausmacht, ist mit 36 % relativ gering. Trotz des hohen Anteils an Verkehrsfläche – diese machten immerhin 3 % des Dauersiedlungsraumes aus – ist die Feinstaubbelastung niedrig. Nur in der West- und Südsteiermark liegt die Anzahl der Überschreitungstage des maximal zulässigen Grenzwertes von 50 µg/m³ PM 10 unter den von der Europäischen Union verlangten 50 Tagen.

9.3 FOKUS WIRTSCHAFT: ÜBERDURCHSCHNITTLICH VIELE BESCHÄFTIGE IM HOCHTECHNOLOGIEBEREICH

Das Bruttoregionalprodukt der West- und Südsteiermark ist in absoluten Zahlen das geringste im österreichischen Teil des *Verdichtungsraums Graz-Maribor*. Aufgrund überproportionaler Wachstumsraten in den vergangenen Jahren liegt das Pro-Kopf Einkommen jedoch leicht über dem der Oststeiermark – es werden 74 % des EU 25, beziehungsweise 84 % des EU 15 Durchschnitts erwirtschaftet.

Der Anteil des produzierenden Sektors ist – gemessen sowohl an der Bruttowertschöpfung als auch an der Beschäftigung – in der gesamten Region hoch. Dieser macht insgesamt 42 % bei einem Beschäftigungsanteil von 33 % aus. Besonders ausgeprägt ist dieser Sektor in Deutschlandsberg, 57 % der unselbstständig Beschäftigten dieses Bezirks arbeiten im produzierenden Bereich, wobei davon 42 % auf den Technologiebereich fallen.

In der Landwirtschaft sind immerhin noch 13 %, im Dienstleistungssektor über die Hälfte der Erwerbspersonen tätig. Im Dienstleistungsbereich dominieren – wie in der gesamten Region – der Handel und der Fremdenverkehr, aber auch Verkehrsdienstleistungen spielen eine nicht unwesentliche Rolle für die Bruttowertschöpfung (siehe WIBIS). Strukturell ist der primäre Sektor im Bezirk Leibnitz überproportional stark ausgeprägt; die Industrie fertigt hier hauptsächlich Sachgüter. Die Bezirkshauptstadt Leibnitz, die den Hauptteil am regionalen BIP und an Arbeitsplätze in diesem Bezirk stellt, profitiert von der direkten Lage an der Achse Graz-Maribor. Der im Norden befindliche Bezirk Voitsberg nimmt eine Sonderstellung ein, hier dominierten in der Vergangenheit traditionell Industrie und Kohlebergbau. Als Folge des Niedergangs dieser Produktionsstätten und des noch immer nicht abgeschlossenen Strukturwandels ist die Abwanderung aus dem Bezirk nach wie vor hoch, konnte jedoch im Vergleich zu den 1980er und frühen 1990er Jahren abgeschwächt werden.

9.4   APROPOS TOURISMUS: WEIN UND KULINARIK

Der durch die Landschaft und den hervorragenden Wein begründete Ruf als „Steirische Toskana" macht die West- und Südsteiermark aber auch für den Tourismus äußerst attraktiv. Rund 63 % der steirischen Weingärten befinden sich in der Region – der Hauptanteil ist im Süden, in Leibnitz und Deutschlandsberg zu finden. Touristischer Anziehungspunkt ist die Südsteirische Weinstraße um Gamlitz oder Spielfeld.

Tabelle 17: Rebfläche in ha der steirischen Regionen (2005)

Süd- und Weststeiermark		Oststeiermark		Graz	
Deutschlandsberg	482,02	Feldbach	668,97	Graz-Stadt	6,44
Leibnitz	2.265,49	Fürstenfeld	138,67	Graz-Umg.	42,72
Voitsberg	38,74	Hartberg	142,57		
		Radkersburg	486,59		
		Weiz	140,16		
Gesamt	**2.786,25**	**Gesamt**	**1.576,96**	**Gesamt**	**49,16**

Quelle: Landesstatistik Steiermark, 2006.

In diesem Zusammenhang ist besonders erwähnenswert, dass es in den letzten Jahren Bestrebungen zur Implementierung ganzheitlicher und intersektoraler Kooperationen zwischen dem primären und tertiären Bereich gab. Die West- und Südsteiermark will sich als Kulinarikregion etablieren und sich auf ein hochwertiges Tourismusangebot spezialisieren. Von weiterer touristischer Bedeutung sind die Therme Köflach sowie einige Wintersportgebiete und die „Schilcherweinstraße".

Bibliographie

Aumayr, Ch. (2006a), *Eine Region im europäischen Vergleich,* Zukunftsszenarien für den Verdichtungsraum Graz Maribor, (LebMur), Teil A2, JOANNEUM RESEARCH-InTeReg, Working Paper Nr. 32.

Aumayr, Ch. (2006b), *Zum Strukturwandel der Region,* Zukunftsszenarien für den Verdichtungsraum Graz Maribor, (LebMur), Teil A3, JOANNEUM RESEARCH-InTeReg, Working Paper Nr. 31.

Aumayr, Ch., Kirschner, E. (2006), *Hypothesen zur künftigen Entwicklung,* Zukunftsszenarien für den Verdichtungsraum Graz -Maribor (LebMur), Teil A4, JOANNEUM RESEARCH-InTeReg, Working Paper Nr. 44.

Bundesministerium für Bildung, Wissenschaft und Kultur Österreich (2005): Statistisches Taschenbuch , Minoritenplatz 5, 1014 Wien: Eigenverlag.

Moro, K. (2000): Der Arbeitsmarkt im steirisch-slowenischen Grenzraum, Eine kommentierte Datensammlung, Graz.

Der steirische Forschungsstätten-Katalog, Land Steiermark, Ressort Innovation; Joanneum Research-InTeReg, http://iiss201.joanneum.at:8080/fsk/fsk.jsp

EUROPÄISCHE KOMMISSION (2005b): Die Kohäsionspolitik im Dienste von Wachstum und Beschäftigung – Strategische Leitlinien der Gemeinschaft für den Zeitraum 2007-2013, Mitteilungen der Kommission, KOM(2005) 299, Brüssel.

Höhenberger, N., Kirschner E., Prettenthaler F. (2007), *Die Szenarien – die Ergebnisse im Detail,* Zukunftsszenarien für den Verdichtungsraum Graz-Maribor (LebMur), Teil C3, JOANNEUM RESEARCH-InTeReg, Working Paper Nr. 42.

Höhenberger, N., Prettenthaler F. (2006a), *Grundlagen und Methoden von „Regional-Foresight",* Zukunftsszenarien für den Verdichtungsraum Graz -Maribor (LebMur), Teil B2, JOANNEUM RESEARCH-InTeReg, Working Paper Nr. 38.

Höhenberger, N., Prettenthaler, F. (2006b), *Europäische Rahmenszenarien,* Zukunftsszenarien für den Verdichtungsraum Graz-Maribor (LebMur),Teil B4, JOANNEUM RESEARCH-InTeReg, Working Paper Nr. 40.

Horvat et al. (1999), Grenzüberschreitende Regionaluntersuchung für den Raum Südsteiermark und Nordslowenien – Endbericht, Graz, Murska Sobota.

Kirschner, E., Prettenthaler, F. (2006), *Rahmenbedingungen der gemeinsamen Entwicklung,* Zukunftsszenarien für den Verdichtungsraum Graz Maribor, (LebMur), Teil B1, JOANNEUM RESEARCH-InTeReg, Working Paper Nr. 34.

Prettenthaler, F., Höhenberger, N., Kirschner, E. (2007a), *Die Synthese*, Zukunftsszenarien für den Verdichtungsraum Graz -Maribor (LebMur), Teil C1, JOANNEUM RESEARCH-InTeReg, Working Paper Nr. 41.

Prettenthaler, F., Höhenberger, N. (2007b), *Die Szenarien – der Prozess*, Zukunftsszenarien für den Verdichtungsraum Graz -Maribor (LebMur), Teil C2, JOANNEUM RESEARCH-InTeReg, Working Paper Nr. 42.

Regionales Entwicklungsleitbild, Planungsregion Graz/Graz–Umgebung: Regionaler Planungsbeirat Graz/Graz – Umgebung (1999).

Regionales Entwicklungsleitbild (Kurzfassung) und Projekthandbuch, Planungsregion Radkersburg – Regionaler Planungsbeirat – Bezirk Radkersburg (2000).

Regionales Entwicklungsleitbild (Kurzfassung) und Projekthandbuch, Planungsregion Feldbach – Regionaler Planungsbeirat – Bezirk Feldbach (2000), http://www.raumplanung.steiermark.at/cms/dokumente/10014131/c9df6be2/feldbach.pdf

Regionales Entwicklungsleitbild (Kurzfassung) und Projekthandbuch, Planungsregion Fürstenfeld: Regionaler Planungsbeirat – Bezirk Fürstenfeld (1998), http://www.raumplanung.steiermark.at/cms/dokumente/10014131/20ac935b/fuerstenfeld.pdf.

Regionales Entwicklungsleitbild und Projekthandbuch, Planungsregion Weiz, Regionaler Planungsbeirat (1998), – Bezirk Weiz, Amt der Stmk. Landesregierung, Österreichisches Institut für Raumplanung, http://www.raumplanung.steiermark.at.

Regionales Entwicklungsleitbild und Projekthandbuch, Planungsregion Hartberg, Regionaler Planungsbeirat – Bezirk Hartberg (2003), http://www.hartberg.at/repro/.

Regionales Entwicklungsleitbild (Kurzfassung) und Projekthandbuch, Planungsregion Leibnitz: Regionaler Planungsbeirat – Bezirk Leibnitz (1999), http://www.raumplanung.steiermark.at/cms/dokumente/10014131/09274cd6/leibnitz.pdf.

Regionales Entwicklungsleitbild (Kurzfassung) und Projekthandbuch, Planungsregion Deutschlandsberg: Regionaler Planungsbeirat – Bezirk Deutschlandsberg (2001), http://www.raumplanung.steiermark.at.

Regionales Entwicklungsleitbild (Kurzfassung) und Projekthandbuch, Planungsregion Voitsberg: Regionaler Planungsbeirat – Bezirk Voitsberg (2000), http://www.raumplanung.steiermark.at/cms/dokumente/ 10014131/c56f1f9f/voitsberg.pdf.

Regionales Entwicklungsprogramm (kommentiert), Planungsregion Graz, Graz-Umgebung, Land Steiermark, Abt. 16 Landes- und Gemeindeentwicklung (2003), Regierungsbeschluss vom 19.09.2005.

Regionales Entwicklungsprogramm für die Planungsregion Radkersburg, Verordnung und Erläuterung, Land Steiermark, Abt. 16 Landes- und Gemeindeentwicklung (2005), LGBL.Nr.28/2005.

Regionales Entwicklungsprogramm für die Planungsregion Feldbach: Land Steiermark (1994), LGBL. Nr. 7/1994.

Regionales Entwicklungsprogramm für die Planungsregion Fürstenfeld, Land Steiermark [1995] (2001), Stammfassung: LGBL. Nr. 34/1991, Novellen: (1) LGBL. Nr. 1/2001.

Regionales Entwicklungsprogramm für die Planungsregion Weiz, Land Steiermark [1991] (1992), Stammfassung: LGBL. Nr. 35/1991, Novellen: (1) LGBL. Nr. 16/1992.

Regionales Entwicklungsprogramm für die Planungsregion Hartberg, Land Steiermark [1995] (2001), Stammfassung: LGBL. Nr. 53/1995, Novellen: (1) LGBL. Nr. 2/2001.

Regionales Entwicklungsprogramm für die Planungsregion Leibnitz, Land Steiermark [1991] (2005), Fachabteilung Landesbaudirektion, Referat für Landes- und Regionalplanung, LGBL.Nr.27/2001.

Regionales Entwicklungsprogramm für die Planungsregion Deutschlandsberg, Land Steiermark (2005), LGBL. Nr. 29/2005.

Regionales Entwicklungsprogramm für die Planungsregion Voitsberg, Land Steiermark (1995), LGBL. Nr. 52/1995.

„Regionale Wettbewerbsfähigkeit" für die Strukturfonds-Periode 2007-2013 – Operationelles Programm – 1. Draft (2006), Amt der Steiermärkischen Landesregierung, Abteilung 14, ÖAR, convelop, Graz.

Slovene Regions in Figures, Statistical Office of Slovenia (2006), Ljubljana.

Transeuropäische Netze und regionale Auswirkungen auf Österreich (1999), ÖROK, Wien: Geschäftsstelle der Österreichischen Raumordnungskonferenz.

Umweltbundesamt (D) (2006), Fachgebiet II 5.2 Immissionssituation, http://www.env-it.de/luftdaten/imprint.fwd.

Zumbusch, Ch. (2005), *Grenzüberschreitende „Regional-Foresight"- Prozesse,* Zukunftsszenarien für den Verdichtungsraum Graz -Maribor (LebMur), Teil B3, JOANNEUM RESEARCH-InTeReg, Working Paper Nr. 39.

DER VERDICHTUNGSRAUM GRAZ-MARIBOR IM EUROPÄISCHEN VERGLEICH

EINE CLUSTERANALYSE EUROPÄISCHER REGIONSTYPEN AUF NUTS 3

Christine Aumayr

JOANNEUM RESEARCH, Institut für Technologie- und Regionalpolitik

Elisabethstraße 20, 8010 Graz

e-mail: christine.aumayr@joanneum.at

Tel: +43-316-876/1471

Abstract:

Die sechs steirischen und slowenischen LebMur NUTS 3 Teilregionen wurden in dieser Arbeit mit jenen (anhand einer Clusteranalyse identifizierten) europäischen Regionen verglichen, denen sie in Bezug auf wirtschaftsstrukturelle und geographische Merkmale, insbesondere die Erreichbarkeit betreffend ähneln. In der Region LebMur als „Randgebiet industrieller Prägung" finden sich grenzübergreifend gleiche Regionstypen, einem industriell geprägten Westen steht ein agrarischer Osten gegenüber. Die Erreichbarkeit von Bevölkerung, BRP und Beschäftigung liegt insbesondere in den westlichen Industriegebieten und dem regionalen Zentrum Graz weit unter den Durchschnittswerten vergleichbarer Regionen. Im Strukturgruppenvergleich zeigen die steirischen Teilregionen überdurchschnittliche sektorale Produktivitäten im industriellen Sektor, und unterdurchschnittliche im Dienstleistungssektor, umgekehrtes gilt für die slowenischen Regionen.

Keywords: Cluster analysis, peripheral regions, accessibility, benchmark.

JEL Classification: C19, O32, P25, R12.

Inhaltsverzeichnis Teil A2

Abbildungs- und Tabellenverzeichnis Teil A2

1. Motivation

Regionen stehen zunehmend im Wettbewerb um Kapital im weiteren Sinn: Man buhlt um die Ansiedlung von Betrieben, Arbeitsplatz generierende Investitionen und komplementär dazu um die Ansiedlung von Humankapital: Menschen mit passenden Qualifikationen. In den Medien und von Beratern veröffentlichte Rankings jeglicher Fragestellung reihen Länder und Regionen, stellen Top-Performer aufs Podest und Nachzügler an den Pranger. Man vergleicht sich anhand des EU-Durchschnitts, misst sich an der Leistung nationaler Durchschnitte, bildet Ost-West Gruppen, und erklärt bestenfalls im Nachhinein das Abschneiden einer Region unter Rückgriff auf ihr eigene Stärken und Schwächen in Bezug auf Faktorausstattungen.

Was derartige Vergleiche verschweigen ist, dass nicht alle Regionen untereinander im Wettbewerb stehen: Standortfaktoren sind untereinander nicht vollständig substituierbar, und so konkurrieren auf den Faktormärkten jene Regionen, die über eine ähnliche Ausstattung an Kapital im weiteren Sinne verfügen – das (Nicht)-Vorhandensein von Wachstumsfaktoren bestimmt die wirtschaftliche Entwicklung einer Region. Der neueren Wachstumstheorie zufolge nähern sich die Wachstumsraten von Regionen mit ähnlichen Strukturen der Kapitalbildung an, während zwischen den Gruppen ein derartiger Ausgleich nicht erfolgt. Man spricht von einer „Divergenz der Konvergenzclubs".

In dieser Arbeit wird der Versuch unternommen, eine Basis für Vergleiche von „Gleichem mit Gleichem" zu schaffen, indem...

1. eine Gruppierung von europäischen Regionstypen mittels Clusteranalyse nach räumlichen und wirtschaftsstrukturellen Gesichtspunkten vorgenommen wird.

2. mittels vergleichender Auswertungen der Frage nachgegangen wird, ob Unterschiede im Niveau und Wachstum des Bruttoregionalprodukts durch diese Regionstypen erklärt werden können.

3. diese Gruppierung als Grundlage für die Performance-Analyse interessierender Regionen dienen wird. Im vorliegenden Fall geht es um den *Verdichtungsraum Graz-Maribor, dessen Teilregionen mit den jeweiligen Regionstypen aus der Clusteranalyse verglichen werden.*

2. Ähnliche Arbeiten

Palme (1995a) nimmt eine Klassifikation der österreichischen Strukturregionen vor, in der neben Strukturvariablen noch Aspekte der räumlichen Konzentration einfließen. Diese Typologisierung dient u.a. als Basis für Arbeiten im Preparity-Projekt, in welchem die Auswirkungen der EU-Osterweiterung auf die österreichische Wirtschaft untersucht wurden (Mayerhofer, 2001).

Für Deutschland liegt eine ähnliche Arbeit durch Kronthaler (2003) vor: Auch hier wird unter Rückgriff auf „Wachstumsfaktoren", die Kapital im weiteren Sinne abbilden, gruppiert. Diese Wachstumsfaktoren sind Innovationen, öffentliches Kapital, privates Kapital, Humankapital, unternehmerische Konzentration und unternehmerische Initiative, wobei eine Beurteilung anhand des Status quo der jeweiligen Variablen erfolgt. Hauptergebnis dieser Arbeit ist, dass west- und ostdeutsche Regionen eine gänzlich andere Ausstattung an Wachstumsfaktoren aufweisen und mit Ausnahme Berlins auch nicht in gleichen Clustern zu liegen kommen.

Prettenthaler (2004) gruppiert 77 Regionen des süd-osteuropäischen Raumes anhand struktureller und räumlicher Variablen sowie der Branchenkonzentration in der Sachgütererzeugung, und bemerkt, dass – obwohl die Wirtschaftskraft süd-osteuropäischer Industriegebiete unter den nationalen Durchschnitten liegt – jene mit hoher Branchendiversität ein deutlich höheres BRP und eine geringere Arbeitslosigkeit aufweisen, als Industriegebiete mit hoher Branchenkonzentration, welche sich teils noch nicht vom kommunistischen Erbe industrieller Monostrukturen befreien konnten.

Einen methodisch ähnlichen, jedoch eher thematisch anstelle von Wirtschaftsstrukturen orientierten Zugang wählen Bauriedl/Winkler (2004) für die Klassifikation nachhaltiger Regionskonzepte: Sie clustern europäische „Zukunftsregionen" nach den drei Dimensionen: Soziale Gerechtigkeit, Schutz natürlicher Lebensgrundlagen und Nachhaltiges Wirtschaften, wobei als Variablen sowohl Niveau und Veränderung des Anteils arbeitsloser Frauen an allen Arbeitslosen, die PKW-Dichte und die Bruttowertschöpfung pro Kopf hergenommen werden. Als Kritik an dieser Arbeit kann festgehalten werden, dass die Benennungen im Endeffekt nur wachstumsorientiert sind, und auf der ökologischen Ebene (Variable: PKW-Dichte) keine Gruppierung nach Nachhaltigkeit stattfindet.

Tabelle 18: Teilregionen der Region LEBMUR in den Ergebnissen anderer Clusteranalysen

Arbeit	Bezugs-jahr	Regionen	Benennung
Palme (1995a)	1991	Graz	Großstadt
		Graz-Umgebung	Umlandbezirke
		Deutschlandsberg, Leibnitz, Voitsberg, Weiz	Extensive Industrieregionen
		Fürstenfeld, Hartberg	Touristische Randgebiete
		Feldbach, Radkersburg	Industrialisierte Randgebiete
Prettenthaler (2004)	2000	Pomurska	Industriegebiet mit hoher Branchenkonzentration
		Podravska	Tertiäre Gebiete
		Koroska	Industriegebiete mit hoher Branchendiversität
Bauriedl/Winkler (2004)	2000	Steiermark	Gebremster Entwicklungstyp
		Slowenien	Ressourcenintensiver Modernisierungstyp

Quelle: angegebene Quellen, eigene Zusammenstellung JOANNEUM RESEARCH, InTeRg.

Anzumerken bleibt, dass die Aussagekraft derartiger Gruppierungen immer im Kontext der verwendeten Variablen und Fragestellungen zu sehen ist, und natürlich durch die Wahl und Abgrenzung der Objekte (z.B.: Österreich-Vergleich, Europa-Vergleich) stark beeinflusst wird: Schon alleine die räumliche Abgrenzung und die unterschiedliche Anzahl von zu untersuchenden Objekten kann – bei Wahl gleicher Variablen – dazu führen, dass unterschiedliche Ergebnisse erzielt werden: Was im Süd-Osteuropa-Vergleich als *Tertiäres Gebiet* gilt kann im Europavergleich schon als „ländlich" eingestuft werden, eine österreichische „Großstadt" (im Bezirksvergleich) fällt, wenn mit ihrem Umland ausgewiesen (im europäischen Vergleich), nicht mehr in die Städtekategorie und würde mit hoher Wahrscheinlichkeit auch ohne ihr Umland in diesem nicht mehr als „Großstadt" ausgewiesen werden.

3. Vorgangsweise

3.1 METHODE

Als Methode wurde das multivariate Klassifikationsverfahren der Clusteranalyse, und zwar das „Ward Verfahren", mit der quadrierten euklidischen Distanz als Distanzmaß gewählt. Ziel einer Clusteranalyse ist es untereinander möglichst heterogene Gruppen zu bilden, deren Mitglieder sich in Bezug auf die interessierenden Variablen innerhalb einer Gruppe möglichst ähnlich sind. Das Ward-Verfahren ist ein hierarchisches Verfahren (ausgehend von der feinsten Partition – jedes Objekt ist ein eigenes Cluster – werden anhand des Distanzmaßes Gruppierungen gebildet, wobei einmal getroffene Zuordnungen nicht mehr revidiert werden): Es trifft die Entscheidung über Zuordnung und Neueröffnung einer Gruppe durch Minimierung der Varianz innerhalb der Gruppen. Um eine Gewichtung der in ihrer Höhe sehr unterschiedlichen Variablen zu vermeiden, wurden diese nach z-scores standardisiert.

3.2 DATEN

Die Analyse der Regionen erfolgte auf der Ebene NUTS 3 anhand von Strukturdaten aus der EUROSTAT online Datenbank (Regionalstatistiken). Prinzipiell wurde die volle Abdeckung aller Regionen der 25 Mitgliedsstaaten angestrebt, aus Datenverfügbarkeitsgründen (eine Region fällt aus der Analyse wenn auch nur eine der interessierenden Variablen fehlt) reduzierte sich die Anzahl der klassifizierten Regionen auf 1.112. Als einziges gesamtes Land fielen die Niederlande aus der Analyse, da keine sektoralen Beschäftigungszahlen verfügbar waren.

Die Analyse wurde um einen weiteren räumlichen Aspekt, ein Erreichbarkeitsmaß – die Anzahl der Bevölkerung, die innerhalb von 5 Stunden mit dem Auto erreicht werden kann – erweitert und bereichert. Diese Datenreihe auf der Ebene NUTS 3 basiert auf der Arbeit von Schürmann und Talaat (2000) zur Errechnung eines „European Peripherality Index" und wurde auf der für diesen Zweck eigens vom Institut für Raumplanung der Universität Dortmund (IRPUD) entwickelten Software berechnet. Eine aktualisierte Version[6] für das Jahr 2002 wurde uns dankenswerterweise von ebendiesem Institut zur Verfügung gestellt.

3.3 VARIABLEN

Ziel der Clustervariable war die Bildung europäischer Regionstypen, die einander in Bezug auf Wachstumsfaktoren (Sach- und Humankapital) und in Bezug auf räumliche Gegebenheiten (Vorliegen von Agglomerationen oder gute Erreichbarkeiten von solchen) ähneln. Zur Gruppierung verwendet wurden daher die folgenden Variablen:

- **Bevölkerungsdichte:** Dieser Indikator misst (wenn auch nicht vollständig) das Vorhandensein von dicht besiedelten Gebieten, und damit, ob die Möglichkeit von

---

[6] Die Neuberechnung dieses Erreichbarkeitsmaßes erfolgte vom IRPUD im Rahmen des EU Projekts (DG Agri) „SERA – Study on Employment in Rural Areas."

positiven Agglomerationseffekten (economies of scale) grundsätzlich in einer Region für Wirtschaftsakteure gegeben sein kann. Was diese Variable nicht erfasst, sind Agglomerationen in ansonsten un- bzw. gering besiedelten Landstrichen. Mit der Hinzunahme eines Erreichbarkeitsmaßes von Bevölkerung kann die Charakterisierung einer Region im Hinblick auf Agglomerationseffekte jedoch verbessert werden.

- **Erreichbarkeitsmaße:** Das in dieser Analyse verwendete Erreichbarkeitsmaß von Bevölkerung ist einerseits ein Maßstab für die „Randlage" einer Region, wie auch einer für das Vorhandensein von Verkehrsinfrastruktur.

- **Anteil des sekundären Sektors an der Bruttowertschöpfung:** Diese Variable misst die Intensität regionaler Sachkapitalintensitäten, unter der Annahme, dass Regionen mit einem hohen Anteil des produzierenden Bereichs auch über einen relativ hohen Anteil an Sachkapital verfügen. Gleichzeitig misst diese Variable den Tertiärisierungsgrad von (Nicht)- städten in der Analyse.

- **Anteil der Beschäftigten des tertiären Sektors:** Diese Variable fungiert in der Klassifikation als Operationalisierung für das Vorhandensein von Humankapital in einer (Stadt-Region), misst den tertiärisierungsgrad von Städten.

- **Anteil der Beschäftigten im Agrarsektor:** Diese Variable dient als umgekehrter Maßstab für die Qualifikation der Beschäftigten, und dient auch der Einteilung der Regionen nach dem Grad ihrer ländlichen Prägung.

- **Nächtigung je 1000 Einwohner:** Als Indikator für das Vorhandensein von Tourismus wird anhand dieser Variable nach einer Branchenkonzentration in diesem Bereich gruppiert.

Nicht alle dieser Variablen flossen gleichzeitig in die Analyse ein, mittels vorangehender Korrelationsanalyse wurde sichergestellt, dass keine gleichzeitig verwendeten Gruppierungsvariablen signifikant stark miteinander korreliert sind[7].

Wirtschaftlich heterogen ist Europa „nach allen Himmelsrichtungen hin": auf jeden Fall in Bezug auf absolute Größen wie Bruttoregionalprodukte, aber auch bei Strukturvariablen gibt es Zentrum-Peripherie (und tw. auch Nord – Süd) Gefälle in der Bedeutung der Landwirtschaft, und Ost-West Unterschiede in der Bedeutung der Industrie, wobei gerade im letzteren Fall absolute und relative Größen auseinander fallen. Die Wahl absoluter oder relativer (prozentualer) Variablen als Inputs für die Clusteranalyse stellt sich daher insbesondere, wenn westeuropäische Regionen gemeinsam mit osteuropäischen verglichen werden sollen.

Einen Engpass in der Analyse stellt auch der auf dieser niedrigen Ebene und in der großen Anzahl von Regionen relativ geringe Variablenumfang dar, der nur eine Gruppierung nach der größtmöglichen Strukturklassifikation (primärer, sekundärer und tertiärer Sektor) erlaubt, wobei als einzige einzelne Branche nur nach dem Vorhandensein von einer „Branchenkonzentration" im Tourismus geclustert werden kann.

---

[7] Keine der verwendeten Variablen weist mit einer anderen einen signifikanten bivariaten Korrelationskoeffizienten nach Pearson auf, der über 0,5 liegt, was zwar einer moderat positiven Korrelation entspricht, im Zuge inhaltlicher Überlegungen jedoch explizit in Kauf genommen wurde.

Als praktische Schwierigkeit stellt die vielschichtige Heterogenität der europäischen Regionen eine besondere Herausforderung an die Interpretation der Ergebnisse: zum einen ist da die räumliche Heterogenität: Die NUTS-Klassifikation basiert auf einem Intervall von Einwohnerzahlen (das jedoch auch manchmal über- oder unterboten wird) – damit variiert die Größe der untersuchten Gebiete beträchtlich. (Die größte analysierte Region, Norbottens län in Schweden misst fast 10.000 km², während die kleinste, Blackpool, UK als Stadtregion nur 34 km² umfasst). Zu beobachten ist, dass NUTS 3 Regionen mit der Größe eines Landes an Fläche zunehmen, während Deutschland hier die Ausnahme darstellt. Über 400 kleinräumige NUTS 3 Regionen, in denen Städte und deren Landkreise separat ausgewiesen, und damit funktionale Zusammenhänge getrennt werden, erschweren die Interpretation der Ergebnisse. Eine Aggregation der deutschen Regionen auf NUTS 2 Niveau wurde überlegt, davon jedoch wieder abgegangen, da dies eine ebensolche Verzerrung in die andere Richtung nach sich ziehen würde.

3.4   ABLAUF DER CLUSTERANALYSE

Immanent ist dieser Arbeit die bewusste Trennung von Struktur und Performance: Ziel ist es, die Höhe des BRP, sowie das Wachstum und die gegenwärtige Entwicklung sozioökonomischer Größen (wie Arbeitslosigkeit und Bevölkerungswachstum) der Region LebMur mit Regionen zu vergleichen, die ihr strukturell ähnlich sind. Aus diesem Grund wurde bewusst nur nach Strukturdaten (räumlicher und wirtschaftlicher Natur) geclustert und auf Performanceindikatoren als Gruppen bildende Merkmale verzichtet, um nicht schon im vorhinein Ergebnisse vorwegzunehmen. Erst nach Vorliegen der Ergebnisse der Clusteranalyse wurden parametrische Schätzungen zur Erklärung der Höhe und des Wachstums von Bruttoregionalprodukt und sektoralen Produktivitäten durch die Zugehörigkeit zu Strukturgruppen erklärt.

Da die simultane Behandlung und Gleichgewichtung von räumlichen und wirtschaftlichen Aspekten in einer ad hoc Gruppierung der Grundgesamtheit nicht (ohne manuelle Korrekturen) zu sinnvoll benennbaren Einheiten führte, wurde für die Clusteranalyse ein **zweistufiger Weg** gewählt. Als Rechtfertigung für diesen Weg kann angeführt werden, dass der Klassifikation anhand von Variablen, die keiner Gewichtung unterliegen ein sprachlicher Fundus von Begriffen gegenübersteht, in welchen die den Begriff definierenden Eigenschaften sehr wohl Gewichtungen aufweisen. Deutlich wird dies am Begriff „Stadt", welchen das Merkmal „dichte und kopfreiche Besiedlung" auf jeden Fall noch vor wirtschaftsstrukturellen Merkmalen (wie dem Tertiärisierungsgrad oder dem Sitz von Verwaltungseinheiten) charakterisiert.

Aus diesem Grund wurde im ersten Schritt eine Trennung der Städte und städtischen Ballungsräume von den Nichtstädten über die Bevölkerungsdichte vorgenommen, in der zweiten Stufe wurden zwei separate Clusteranalysen für die Gruppe der Städte und jene der Nichtstädte durchgeführt. Die „Trennlinie" zwischen den beiden Gruppierungen – sie verläuft bei einer Bevölkerungsdichte von 800 Einwohnern je km² – wurde anhand der varianzminimierenden Partition der Regionen durchgeführt, eine Grauzone – ab welcher Besiedlungsdichte ist eine Region mit einer hohen Dichte an Städten schon selbst als Stadtregion zu klassifizieren? – bleibt.

Mit der relativ hohen Trennlinie wurde sichergestellt, dass sich keine deutschen „Landkreise" in der Städtekategorie befinden, gleichzeitig erfolgte dadurch jedoch auch eine Einteilung einiger deutscher Städte in die Kategorie der Nichtstädte. Als Ergebnis der Clusteranalyse unter den Nichtstädten wurde daher auch eine eher als städtisch zu klassifizierende Gruppe gebildet (die *Zentralen Ballungsräume*).

Innerhalb der Gruppe der Städte wurde nach dem Beschäftigtenanteil des tertiären Sektors, der Bevölkerungsdichte und der Einwohneranzahl geclustert. In die Clusteranalyse der Gruppe der Nichtstädte (die 82% aller Regionen ausmachen), flossen die vorher geschilderten eigentlichen Überlegungen ein: diese Regionen wurden anhand der folgenden fünf Variablen klassifiziert:

1. Bevölkerungsdichte, 2. Agrarquote (prozentualer Anteil der Beschäftigten in der Landwirtschaft), 3. Anzahl der Betten in Hotels je 1000 Einwohner, 4. prozentualer Anteil der Bruttowertschöpfung des sekundären Sektors und 5. Erreichbarkeit von Bevölkerung mit dem Auto.

Abbildung 8: Aufbau der zweistufigen Clusteranalyse nach räumlichen und wirtschaftsstrukturellen Variablen

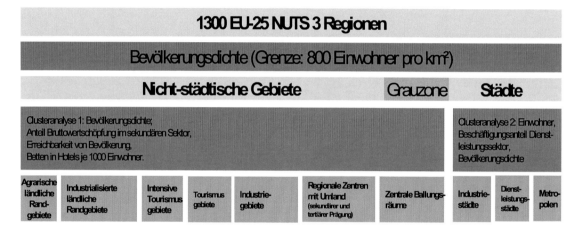

Quelle: eigene Darstellung JOANNEUM RESEARCH, InTeReg, vergleiche jedoch dazu Palme (1995a.)

Abbildung 9: Ergebnisse der Clusteranalyse

Clusteranalysis of European NUTS 3 Regions

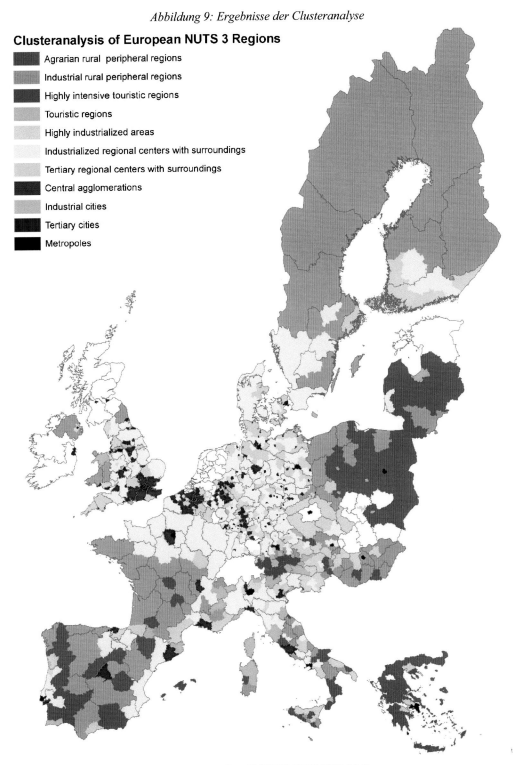

Agrarian rural peripheral regions

Industrial rural peripheral regions

Highly intensive touristic regions

Touristic regions

Highly industrialized areas

Industrialized regional centers with surroundings

Tertiary regional centers with surroundings

Central agglomerations

Industrial cities

Tertiary cities

Metropoles

Quelle: eigene Darstellung JOANNEUM RESEARCH, InTeReg,

4. Ergebnisse der Clusteranalyse

Wie die *Abbildung 9* zeigt, wurden insgesamt 11 Regionstypen gebildet und benannt. Für die Beschreibung der Charakteristika wird in weiterer Folge auch auf Variablen eingegangen, die nicht zur Gruppierung verwendet werden, wie sektorale Produktivitäten sowie die Erreichbarkeit von Einkommen oder Beschäftigung. *Abbildung 9* fasst die „Eckdaten" der Regionstypen – anhand der Gruppenmittelwerte sowie der Streuung (Standardabweichung, in Klammer) – zusammen. Die teilweise recht hohen Standardabweichungen einiger Variablen bei einigen Gruppen relativieren sich, wenn man die Streuung jener Variablen unter allen Regionen beachtet, die häufig über 100 % des Mittelwertes betragen. Wie die Berechnung von Variationskoeffizienten (vgl. *Tabelle 19*) zeigt, stellen die Gruppierungen in jedem Fall homogenere Typen dar als dies für die gesamte Region gilt, die Benennung erfolgte jeweils anhand der Variablen, die die geringste Variation aufwiesen.

1. **Agrarische ländliche Randgebiete** sind dünn besiedelte und schlecht erreichbare Regionen. Sie weisen mit im Schnitt 26 % der Beschäftigten in der Landwirtschaft die bei weitem höchste Agrarquote auf, das durchschnittliche BRP pro Kopf liegt bei weniger als der Hälfte des Durchschnitts aller Regionen. Die Arbeitsproduktivität aller Wirtschaftssektoren ist gering. Die deutlich unterdurchschnittliche Wertschöpfung je Beschäftigten im primären Sektor im Vergleich zu allen anderen Gruppen deutet auf einen hohen Ausweis von an sich arbeitsloser ländlicher Bevölkerung im primären Sektor hin. Besetzt ist diese Strukturgruppe vor allem durch südeuropäische (Portugal, Spanien, Griechenland) und osteuropäische Regionen (Polen, Lettland, Litauen). Mit dem Mühlviertel und der Oststeiermark fallen jedoch ob ihrer hohen Agrarquoten von mehr als 15 % auch zwei österreichische Regionen in diese Klasse.

2. **Industrielle ländliche Randgebiete:** Auch in diesen peripher gelegenen Regionen ist die Agrarquote noch bedeutend höher als in den meisten anderen Regionstypen, wenn auch schon im Schnitt deutlich unter jener der vorherigen Gruppe. Von dieser unterscheidet sich dieser Typus auch durch seinen relativ hohen Anteil an Wertschöpfung der im sekundären Sektor erzielt wird. Auch als Arbeitgeber kommt diesem Sektor eine relativ hohe Bedeutung zu, die Produktivität der Beschäftigten ist jedoch relativ gering. Das Bruttoregionalprodukt pro Kopf liegt mit knapp 17.000 Euro je Einwohner auch in dieser Gruppe noch unter dem Durchschnitt Trotzdem: wenn ausgehend von diesem Regionstypus auch nur etwa gleich viel an Bevölkerung erreichbar ist wie im ersten Typus, an Wertschöpfung wird im selben Zeitraum deutlich mehr erreicht – dies erklärt sich auch aus der Präsenz westeuropäischer Regionen in dieser Gruppe. Die Arbeitsproduktivität des sekundären Sektors liegt mit 42.000 Euro je Beschäftigten schon nahe am Durchschnitt. Einige österreichische Grenzgebiete fallen hier gemeinsam mit schwedischen, finnischen und vor allem spanischen Regionen zusammen. Auch die Region LEBMUR entspricht gemäß den Ergebnissen der Analyse diesem Regionstypus.

3. **Intensive Tourismusregionen:** Als kleinste Gruppe mit nur 15 Mitgliedern finden wir hier die insgesamt höchste Bettendichte in Hotels von 192 je 1.000 Einwohner,

geographisch liegen die Regionen dieses Cluster im Alpenraum (Österreich und Südtirol) sowie in Griechenland. Auch die Balearen fallen noch in diese Gruppe. Auffallend ist, dass in diesen Gebieten die Erreichbarkeit von Bevölkerung im Durchschnitt noch unter jener der Randgebiete liegt, das Bruttoregionalprodukt ist wieder deutlich höher als jenes von Gruppe zwei. Interessant ist, dass diese Gebiete im Gruppendurchschnitt im Vergleich zu allen anderen Regionen eine äußerst hohe durchschnittliche Produktivität im Dienstleistungssektor erreichen, die sogar über jener der meisten städtischen Typen liegt. Bezeichnend für diese Regionen ist weiters der relativ hohe Beschäftigungsanteil im Agrarsektor (angehoben vor allem durch die südeuropäischen Regionen), der jedoch über alle dieser Gruppe zugehörigen Regionen stark variiert. Die österreichischen Gebiete dieser Gruppe weisen zudem eine hohe industrielle Produktivität auf. Selbst auf Bezirksebene ist eine Einteilung dieser österreichischen Alpengebiete mit touristisch erschlossenen Nebentälern und industrialisierten Haupttälern, wie Palme (1995a) bemerkt, nicht eindeutig.

4. **Tourismusgebiete**: In diesem kleinen Cluster mit nur 44 Mitgliedern finden sich je 1.000 Einwohner 62 Betten in Hotels, und damit schon deutlich weniger als in der Gruppe davor. Gearbeitet wird noch zu einem vergleichsweise hohen Teil in der Landwirtschaft (6 %), bedeutendster Sektor ist jedoch der Dienstleistungssektor mit 75 % Wertschöpfungsanteil und 71 % Beschäftigten. Damit liegt der Anteil dieses Sektors schon über dem Gesamtdurchschnitt, der auch städtische Regionen berücksichtigt. Geographisch besonders auffallend ist die Tatsache, dass nur westeuropäische Regionen diesen Cluster besetzen. In Osteuropa scheinen sich noch keine derartigen Tourismusgebiete ausgebildet zu haben.

5. **Industrieregionen**: Charakterisiert sind die „Industrieregionen" durch ihren extrem hohen Anteil des sekundären Sektors an der Bruttowertschöpfung von 46 % und gleichzeitig auch durch die Bedeutung dieses Sektors für die Beschäftigung: 41 % aller Beschäftigten arbeiten im sekundären Sektor. Mit 46.000 Euro je Beschäftigten ist die durchschnittliche Arbeitsproduktivität dieser Regionen auf etwa derselben Höhe wie jene der regionalen Zentren, variiert jedoch beträchtlich. Insbesondere die osteuropäischen Regionen dieser Gruppe können keine derart hohen Produktivitäten vorweisen. Von der folgenden Gruppe unterscheiden sich die Industriegebiete durch ihre deutlich geringere Erreichbarkeit von Bevölkerung, bezeichnend ist auch die geringe Produktivität des Dienstleistungssektors, die mit etwa 40.000 Euro je Beschäftigten gemeinsam mit jener der industriellen ländlichen Randgebiete an vorletzter Stelle liegt. Dieses Cluster ist sowohl von ost- als auch von westeuropäischen Regionen besetzt.

6. **Regionale Zentren industrieller Prägung** sind im Schnitt zwar dünner besiedelt als die „alten" Industriegebiete, dafür aber deutlich zentraler gelegen, oder jedenfalls besser an andere Regionen angebunden. Bei vielen Gebieten die in diesen Typus fallen handelt es sich um Städte, die mit ihrem Umland ausgewiesen sind, bzw. zum Großteil um Regionen Deutschlands oder Nordfrankreichs, die zwar dicht besiedelt sind, jedoch keine derart hohen Erreichbarkeiten aufweisen, um schon als städtische Ballungsgebiete zu gelten. Auch hier ist der sekundäre Sektor besonders bedeutend für Wertschöpfung (33 %) und Beschäftigung (32 %), die Regionen sind

aber nicht so stark von der Industrie abhängig. Auch im Dienstleistungssektor finden 63 % der Beschäftigen Arbeit, die Produktivität dieses Sektors liegt mit 46.000 Euro je Beschäftigten auch auf der Höhe einiger städtischer Typen. Gemeinsam mit der folgenden Gruppe 7 werden in diesem Typus die höchsten Arbeitsproduktivitäten im primären Sektor erzielt. Im Vergleich zu den Industriegebieten werden deutlich mehr Einwohner wie auch Beschäftigte und BRP erreicht. Dieser Regionstypus findet sich vor allem in Deutschland (187 Regionen), Nordfrankreich und im Vereinigten Königreich. In Österreich fallen Graz, Linz-Wels und das nördliche Wiener Umland in diese Kategorie.

7. **Regionale Zentren tertiärer Prägung:** Hier liegen schon deutlich hohe Kapazitäten an Humankapital in Form von Beschäftigten im Dienstleistungssektor vor, was durch die hohe Produktivität dieses Sektors verdeutlicht wird, die trotz der geringeren Verstädterung auf einer Höhe mit jener einiger städtischer Gebiete liegt. Gemeinsam mit der vorherigen Gruppe weist der Cluster der *regionalen Zentren tertiärer Prägung* die höchste Produktivität im Agrarsektor auf. Auffallend ist, dass keine einzige österreichische Region in diesen Cluster fällt. Auch hier finden sich vorwiegend zentrale europäischen Regionen aus Deutschland, Belgien, Frankreich und dem Vereinigten Königreich.

8. **Zentrale Ballungsräume** sind Regionen mit relativ hoher Bevölkerungsdichte, die aufgrund des Ausweis von Metropolen/Großstädten mit ihrem Umland (Rom, Madrid, Barcelona), einer hohen Dichte an Städten innerhalb einer Region, oder einer relativ dünnen Besiedlungsdichte von einzeln ausgewiesenen Stadtkreisen, nicht mehr in die Kategorie der reinen Städte fallen. Als Gruppierungsmerkmal ist hier vor allem die zentrale Lage ausschlaggebend: Die *zentralen Ballungsräume* weisen die höchsten Erreichbarkeiten von Bevölkerung, Bruttoregionalprodukt und Beschäftigung unter den Regionstypen auf. Das Gros der Regionen dieses Clusters ist in Deutschland, Belgien und im Vereinigten Königreich angesiedelt.

9. **Industriestädte** sind Städte in denen der sekundäre Sektor noch eine hohe Bedeutung hat: Mehr als ein Drittel der Wertschöpfung kommt aus diesem Bereich, 30 % der Beschäftigten sind hier tätig. Ähnlich wie bei den Industriegebieten liegt auch hier die Produktivität dieses Sektors im Durchschnitt hoch variiert jedoch. Zu finden sind diese Städte in Deutschland und den UK, sowie in Polen, Lettland, Malta und Portugal.

10. **Dienstleistungsstädte:** Hier ist die Tertiärisierung im Durchschnitt ähnlich weit fortgeschritten wie in Metropolen, die Produktivität des Dienstleistungssektors liegt jedoch deutlich unter den Durchschnittswerten der Metropolregionen. Interessant ist, dass hier die höchste Wertschöpfung je Beschäftigten in der Industrie erzielt wird[8]: Gerade eine hochproduktive Industrie fordert auch hochproduktive Dienstleistungen – im Gegensatz zum vorherigen Regionstyp handelt es sich bei dieser Gruppe vermutlich im Schnitt um Städte, die dem Strukturwandel besser begegnen konnten, und schon weiter fortgeschritten sind. Auch diese Gruppe ist

---

[8]   Metropolregionen weisen zwar im Durchschnitt einen noch höheren Wert auf, die Variation dieser Größe ist jedoch bedeutend höher als die Schwankungsbreite der Grundgesamtheit.

zum Großteil mit deutschen und britischen Städten besetzt, die im Gegensatz zu den Regionen anderer Länder ohne ihr Umland ausgewiesen werden.

11. **Metropolen** sind dicht besiedelte Dienstleistungsstädte mit hoher Einwohnerzahl. 82 % der Bruttowertschöpfung wird im Dienstleistungssektor geschaffen, nur 18 % im sekundären Bereich. Das Bruttoregionalprodukt pro Kopf ist mit 37.000 Euro das höchste unter allen Regionstypen, allerdings variiert die Größe stark über alle Gruppenmitglieder. Durch die Tatsache, dass die Gruppe der Metropolen über ganz Europa verteilt ist, teils in Randlage, und teils von dünner besiedelten Gebieten umgeben sind, fallen auch die Erreichbarkeitsmaße von allen drei Zielgrößen deutlich geringer aus als in den anderen städtischen Regionen.

Tabelle 19: *Ergebnisse der Clusteranalysen für die jeweiligen Strukturgruppen (Gruppenmittelwert und Stichprobenstandardabweichung)*

Variablen die zur Gruppierung verwendet wurden	Agrarische ländliche Randgebiete		Industrielle ländliche Randgebiete		Intensive Tourismus- gebiete		Tourismus- gebiete		Industrie- gebiete		Regionale Zentren industrieller Prägung	
Bevölkerungsdichte	66	(44)	78	(57)	95	(125)	110	(92)	226	(164)	142	(71)
Betten in Hotels je 1000 Einwohner	12	(17)	11	(7)	192	(52)	62	(23)	9	(8)	11	(9)
Erreichbarkeit Bevölkerung	12215	(5967)	13707	(4810)	11535	(7212)	19905	(8045)	25636	(10149)	30892	(6570)
Wertschöpfungsanteil Sekundärer Sektor	25	(9)	29	(4)	20	(12)	22	(7)	46	(7)	33	(5)
Beschäftigtenanteil Primärer Sektor	26	(10)	8	(4)	14	(13)	6	(3)	5	(5)	5	(3)
Beschäftigtenanteil Tertiärer Sektor	51	(9)	64	(7)	63	(10)	71	(7)	53	(9)	63	(6)
Weitere Größen, die nicht zur Gruppierung verwendet wurden												
Beschäftigtenanteil Sekundärer Sektor	23	(8)	28	(6)	23	(7)	23	(6)	41	(7)	32	(6)
BRP je Einwohner	9419	(4602)	16847	(6818)	20483	(7389)	21120	(5390)	20115	(9922)	19948	(4927)
Arbeitsproduktivität Primärer Sektor	11684	(8972)	26559	(14879)	22626	(9409)	23602	(10761)	21796	(13266)	29061	(12959)
Arbeitsproduktivität Sekundärer Sektor	25900	(14137)	42677	(18059)	40352	(19822)	42931	(10042)	47089	(21606)	46888	(11831)
Arbeitsproduktivität Tertiärer Sektor	31974	(15947)	39206	(13015)	53439	(5439)	46771	(7331)	39489	(14582)	46122	(7728)
Erreichbarkeit Beschäftigung	5045	(2645)	5884	(2137)	5072	(3349)	8784	(3556)	11503	(4639)	13879	(2952)
Erreichbarkeit von Bruttoregionalprodukt	215339	(145778)	290567	(127849)	241583	(180533)	445208	(190429)	593310	(301941)	750511	(184849)
Wertschöpfungsanteil Primärer Sektor	10	(5)	5	(3)	7	(6)	3	(2)	3	(2)	3	(2)
Wertschöpfungsanteil Tertiärer Sektor	65	(8)	66	(5)	74	(9)	75	(6)	52	(7)	64	(5)
	117		**150**		**15**		**44**		**112**		**326**	

Fortsetzung auf nächster Seite…

Variablen die zur Gruppierung verwendet wurden	Regionale Zentren tertiärer Prägung		Zentrale Ballungsräume		Industriestädte		Dienstleistungs-Städte		Metropolen		Gesamt	
Bevölkerungsdichte	161	(81)	551	(132)	1879	(836)	1736	(985)	4868	(4023)	490	(1093)
Betten in Hotels je 1000 Einwohner	13	(9)	7	(6)	6	(4)	12	(20)	12	(12)	15	(26)
Erreichbarkeit Bevölkerung	32932	(10419)	37635	(8596)	35702	(9485)	35145	(9336)	34879	(12862)	na	(11869)
Wertschöpfungsanteil Sekundärer Sektor	20	(4)	26	(7)	34	(9)	21	(5)	18	(5)	29 (10)	
Beschäftigtenanteil Primärer Sektor	5	(2)	2	(1)	1	(0)	0	(0)	0	(0)	7	(8)
Beschäftigtenanteil Tertiärer Sektor	73	(5)	74	(7)	69	(6)	81	(4)	83	(6)	65	(11)
Weitere Größen, die nicht zur Gruppierung verwendet wurden												
Beschäftigtenanteil Sekundärer Sektor	22	(4)	24	(7)	30	(6)	18	(4)	17	(5)	28	(9)
BRP je Einwohner	19069	(6040)	25125	(9137)	28422	(13234)	31473	(10632)	37348	(26916)	20624	(10273)
Arbeitsproduktivität Primärer Sektor	29702	(11115)	26264	(11978)	15072	(15474)	16529	(14807)	14285	(14545)	23664	(14251)
Arbeitsproduktivität Sekundärer Sektor	43468	(11321)	53733	(13018)	52478	(19289)	54573	(14689)	60087	(23748)	45406	(17140)
Arbeitsproduktivität Tertiärer Sektor	47684	(6930)	49451	(11444)	43865	(12121)	46621	(8451)	53152	(19215)	43702	(12403)
Erreichbarkeit Beschäftigung	14582	(4806)	16853	(3716)	16093	(4351)	15784	(4204)	15477	(5813)	5056	(5430)
Erreichbarkeit von Bruttoregionalprodukt	792891	(294155)	949907	(239064)	889135	(275066)	879768	(246478)	869429	(395776)	215350	na
Wertschöpfungsanteil Primärer Sektor	4	(2)	1	(1)	0	(0)	0	(na.)	0	(0)	4 (4)	na
Wertschöpfungsanteil Tertiärer Sektor	76	(4)	73	(7)	66	(9)	79	(7)	82	(5)	67	(10)
	92		**95**		**60**		**87**		**24**		**112**	

Quelle: EUROSTAT (2005), eigene Berechnungen, JOANNEUM RESEARCH, InTeReg.

Tabelle 20: Variationskoeffizient verschiedener Variablen in den Regionstypen (Standardabweichung in Prozent des jeweiligen Gruppenmittelwertes).

Variationskoeffizient in Prozent	Clusteranalyse	Agrarische ländliche Randgebiete	Industrielle ländliche Randgebiete	Intensive Tourismusgebiete	Tourismusgebiete	Industriegebiete	Regionale Zentren industrieller Prägung	Regionale Zentren tertiärer Prägung	Zentrale Ballungsräume	Industriestädte	Dienstleistungsstädte	Metropolen	Gesamt
Variablen die zur Gruppierung verwendet wurden													
Bevölkerungsdichte	Städte und Nichtstädte	66.7	73.1	131.6	83.6	72.6	50.0	50.3	24.0	44.5	56.7	82.6	223.1
Betten in Hotels je 1000 Einwohner	Nichtstädte	141.7	63.6	27.1	37.1	88.9	81.8	69.2	85.7	66.7	166.7	100.0	173.3
Erreichbarkeit Bevölkerung	Nichtstädte	48.8	35.1	62.5	40.4	39.6	21.3	31.6	22.8	26.6	26.6	36.9	nv
Wertschöpfungsanteil Sekundärer Sektor	Nichtstädte	36.0	13.8	60.0	31.8	15.2	15.2	20.0	26.9	26.5	20.9	27.8	nv
Beschäftigtenanteil Primärer Sektor	Nichtstädte	38.5	50.0	92.9	50.0	100.0	60.0	40.0	50.0	0.0	0.0	nv	114.3
Beschäftigtenanteil Tertiärer Sektor	Städte	17.6	10.9	15.9	9.9	17.0	9.5	6.8	9.5	8.7	4.9	7.2	16.9
Weitere Größen, die nicht zur Gruppierung verwendet wurden													
Beschäftigtenanteil Sekundärer Sektor		34.8	21.4	30.4	26.1	17.1	18.8	18.2	29.2	20.0	22.2	29.4	32.1

Clusteranalyse	Agrarische ländliche Randgebiete	Industrielle ländliche Randgebiete	Intensive Tourismusgebiete	Tourismusgebiete	Industriegebiete	Regionale Zentren industrieller Prägung	Regionale Zentren tertiärer Prägung	Zentrale Ballungsräume	Industriestädte	Dienstleistungsstädte	Metropolen	Gesamt	Clusteranalyse
BRP je Einwohner		48.9	40.5	36.1	25.5	49.3	24.7	31.7	36.4	46.6	33.8	72.1	49.8
Arbeitsproduktivität Primärer Sektor		76.8	56.0	41.6	45.6	60.9	44.6	37.4	45.6	102.7	89.6	101.8	60.2
Arbeitsproduktivität Sekundärer Sektor		54.6	42.3	49.1	23.4	45.9	25.2	26.0	24.2	36.8	26.9	39.5	37.7
Arbeitsproduktivität Tertiärer Sektor		49.9	33.2	10.2	15.7	36.9	16.8	14.5	23.1	27.6	18.1	36.2	28.4
Erreichbarkeit Beschäftigung		52.4	36.3	66.0	40.5	40.3	21.3	33.0	22.0	27.0	26.6	37.6	107.4
Erreichbarkeit von Bruttoregionalprodukt		67.7	44.0	74.7	42.8	50.9	24.6	37.1	25.2	30.9	28.0	45.5	nv
Wertschöpfungsanteil Primär Sektor		50.0	60.0	85.7	66.7	66.7	66.7	50.0	100.0	nv	nv	nv	nv
Wertschöpfungsanteil Tertiärer Sektor		12.3	7.6	12.2	8.0	13.5	7.8	5.3	9.6	13.6	8.9	6.1	14.9

x Variationskoeffizient in der Gruppe höher als in allen Regionen

[shaded] kleinster Variationskoeffizient der betreffenden Variable unter allen Gruppen

5. Entwicklung der Regionstypen

5.1   ENTWICKLUNG DES BRUTTOREGIONALPRODUKTS PRO KOPF

Abbildung 10:   Aufteilung der Mitglieder der Regionstypen und Entwicklung des BRP der Regionen

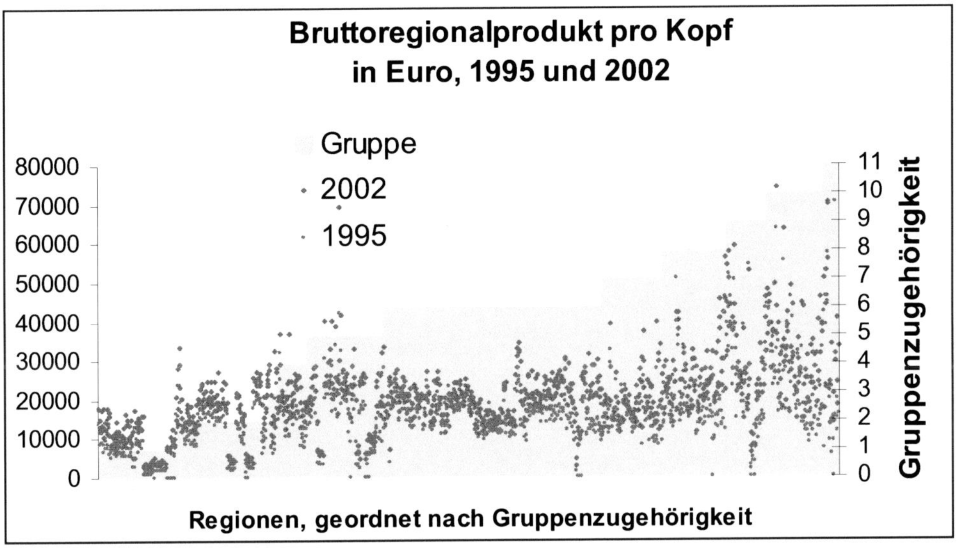

**Bruttoregionalprodukt pro Kopf
in Euro, 1995 und 2002**

Quelle: EUROSTAT (2005), eigene Berechnungen JR-InTeReg.

Was diese Graphik schön verdeutlicht, ist die sehr viel höhere Varianz des Bruttoregionalprodukts der industrialisierten Randgebiete (Gruppe 2) sowie der städtischen Regionen im Vergleich zu den regionalen Zentren industrieller Prägung (Gruppe 6). Obwohl das Regionalprodukt im Mittelwert der industrialisierten Randgebiete deutlich geringer ausfällt als jenes der dichter besiedelten großen Gruppe der regionalen Zentren, gibt es doch in der ersteren Gruppe Regionen mit einem deutlich höheren Niveau des Bruttoregionalprodukts. (Der *Verdichtungsraum Graz-Maribor* zählt mit einem aggregierten BRP von 18.300 im Jahr 2002 zu dieser Subgruppe).

Wie entwickelten sich die Regionstypen seit Mitte der Neunziger Jahre? – Im gesamten Ranking konnte vor allem die Gruppe der intensiven Tourismusregionen mit überdurchschnittlichen Wachstumsraten des BRP an Niveau und damit an Rangplätzen zulegen. Auch die Tourismusregionen finden sich auf einer höheren Platzierung wieder, dies aber weniger wegen des eigenen (durchschnittlichen) Wachstums, als vielmehr aufgrund der unterdurchschnittlichen Performance der industriell und tertiär geprägten regionalen Zentren mit jährlichen Wachstumsraten des Bruttoregionalprodukts von nominell unter 3 %. Ansonsten blieb die Reihenfolge nach dem Niveau der Wirtschaftsleistung gleich. Mit einer Wachstumsrate des BRP von 5,9 % p.a. bauten die Metropolregionen ihren ersten Platz noch weiter aus. Die höchsten jährlichen Wachstumsraten zwischen 1995 und 2002 erzielten die agrarisch dominierten Randgebiete, ob des geringen Ausgangsniveaus ihrer Wirtschaftsleistung bleibt zu den anderen Regionen aber immer noch ein deutlich sichtbarer Abstand. Wie die Gegenüberstellung des BRP/Kopf 1995 und 2002 (Tabelle 21) zeigt, liegt zwar ein positiver Zusammenhang zwischen dem Niveau des BRP 1995 und jenem im Jahr 2002 vor, festzustellen ist jedoch, dass jene Regionen mit dem niedrigsten BRP 1995 trotz Wachstums weiterhin arm blieben, und die Wachstumsraten insbesondere der einkommensschwächsten und der einkommensstärksten Regionen konvergierten. Eine kleine „best practice" Gruppe – jene die 2002 das höchste BRP pro Kopf aufweist – setzt sich eher aus Regionen zusammen, die mit ihrer Wirtschaftsleistung 1995 noch im Mittelfeld lagen.

Tabelle 21: Entwicklung des BRP/Kopf der Strukturgruppen (Mittelwert der jeweiligen Größen in den Strukturgruppen)

Nr.	Regionstyp	BRP/Kopf 1995	Rang	BRP/Kopf 2002	Rang	Änderung
1	Agrarische ländliche Randgebiete	6189	11	9419	11	↔
2	Industrielle ländliche Randgebiete	12804	10	16847	10	↔
3	Intensive Tourismusgebiete	14786	9	20483	6	↑
4	Tourismusgebiete	16015	6	21120	5	↑
5	Industriegebiete	15960	7	20115	7	↔
6	Regionale Zentren industrieller Prägung	16471	5	19948	8	↓
7	Regionale Zentren tertiärer Prägung	15718	8	19069	9	↓
8	Zentrale Ballungsräume	19460	4	25125	4	↔
9	Industriestädte	23775	3	28422	3	↔
10	Dienstleistungsstädte	24937	2	31473	2	↔
11	Metropolen	26834	1	37348	1	↔
12	Gesamtergebnis	16216		20624		

Quelle: EUROSTAT (2005), eigene Berechnungen JOANNEUM RESEARCH, InTeReg.

Abbildung 11: Gegenüberstellung BRP/Kopf 1995 und 2002

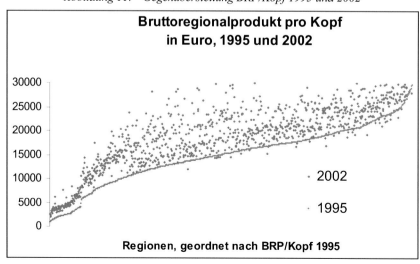

Quelle: EUROSTAT (2005), eigene Darstellung, JOANNEUM RESEARCH, InTeReg.

5.1.1 Sektorales Wachstum

Tabelle 22: Jährliche Wachstumsraten von Performance- und Strukturindikatoren der Regionstypen 95-02

	Durchschnittliche jährliche Wachstumsrate 95-02 (*)				
	BRP_mio	BRP pro Kopf	BWS, primärer Sektor	BWS, sekundärer Sektor	BWS, tertiärer Sektor
Regionstypus	in Mio. Euro	in KKS	in Mio. Euro	in Mio. Euro	in Mio. Euro
Agrarische ländliche Randgebiete	6,44	4,87	1,42	5,22	6,81
Industrielle ländliche Randgebiete	4,54	4,08	0,39	3,78	5,39
Intensive Tourismusgebiete	5,52	4,86	2,30	4,47	5,47
Tourismusgebiete	4,00	3,74	2,11	3,08	4,45
Industrieregionen	4,34	4,02	0,32	3,98	4,42
Regionale Zentren industrieller Prägung	2,91	3,38	0,50	1,86	3,56
Regionale Zentren tertiärer Prägung	2,95	3,19	1,29	0,98	3,39
Zentrale Ballungsräume	3,47	3,82	-0,01	1,16	4,48
Industriestädte	3,63	3,69	0,47	0,86	3,98
Dienstleistungsstädte	3,40	3,67	-1,97	1,08	4,17
Metropolen	5,88	4,44	0,61	4,48	6,74
Alle Regionen	4,06	3,85	0,48	2,58	4,55

(*) Ungewichteter Durchschnitt aller jährlichen Wachstumsraten.95-02 (geometrisches Mittel) der Regionen eines Regionstypus.

	Beschäftigung, primärer Sektor	Beschäftigung, sekundärer Sektor	Beschäftigung, tertiärer Sektor	Arbeitslosenrate
Regionstypus				
Randgebiete, agrarisch	-0,97	1,21	0,95	10,49
Randgebiete, industrialisiert/agrarisch	-2,58	0,74	1,59	9,97
Intensive Tourismusgebiete	-1,32	1,46	1,25	1,73
Tourismusgebiete	-1,57	0,35	1,44	6,79
Industrieregionen	-2,73	0,00	1,58	6,06
Regionale Zentren industrieller Prägung	-2,32	-0,62	1,50	8,06
Regionale Zentren tertiärer Prägung	-1,80	-0,63	1,44	9,36
Zentrale Ballungsräume	-1,70	-1,28	1,82	7,48
Industriestädte	-0,38	-1,58	1,60	8,30
Dienstleistungsstädte	0,36	-1,97	1,32	8,49
Metropolen	-3,42	-1,34	1,61	7,99
Alle Regionen	-1,92	-0,48	1,52	8,11

Quelle: EUROSTAT (2005), eigene Berechnungen JR-InTeReg.

In Bezug auf die Beschäftigung waren bei fast allen Regionstypen Rückgänge im agrarischen Sektor zu verzeichnen[9], in den eher zentraler gelegenen Typen fand auch ein Rückgang der Beschäftigten im sekundären Sektor statt. Beschäftigungswachstum im sekundären Sektor fand insbesondere in den peripheren Regionen statt. Im tertiären Sektor verzeichneten durchwegs alle Regionstypen hohe Beschäftigungszuwächse. Demgegenüber verzeichneten fast alle Regionstypen in allen Sektoren ein positives Wachstum der Wertschöpfung. Ohne Ausnahmen war das durchschnittliche Wachstum im Dienstleistungssektor in allen Regionstypen höher als im sekundären Sektor. Die durchschnittlichen Arbeitslosenraten der Regionstypen sind mit Vorsicht zu interpretieren, sind doch hier die Datenlücken besonders hoch. Als allgemeine Aussage kann festgehalten werden, dass die Arbeitslosigkeit mit der Besiedlungsdichte zunimmt. Einzige Ausnahme sind die agrarischen Randgebiete, die die höchste Arbeitslosigkeit unter allen Regionstypen aufweisen. Die bei weitem niedrigsten Werte weisen die intensiven Tourismusgebiete auf.

---

[9] Der geringe Zuwachs in den „Dienstleistungsstädten" ist ob der geringen Größe dieses Sektors nur durch eine zufällige Schwankung erklärbar.

6. Die Region LebMur im Vergleich mit ähnlichen europäischen Regionstypen

Im vorliegenden Kapitel werden die Ergebnisse der Clusteranalyse verwendet, um die Entwicklung der slowenisch-steirischen Region LebMur[10] und ihrer Teilregionen (vgl. Kirschner, Prettenthaler, 2006), differenzierter im Lichte der Entwicklung „ihres" jeweiligen Regionstypus zu betrachten.

Tabelle 23: Ergebnisse der Clusteranalyse für die Region LebMur und ihrer Teilregionen

Region/Aggregat	Nr. des Regionstypus	Bezeichnung
Koroška	5	Industriegebiete
Podravska	2	Randgebiete, industrialisiert/agrarisch
Pomurska	1	Randgebiete, agrarisch
Graz	6	Regionales Zentrum industrieller Prägung
Oststeiermark	1	Randgebiete, agrarisch
West- und Südsteiermark	5	Industriegebiete
LebMur	2	Randgebiete, industrialisiert/agrarisch
LebMur, Österreich	2	Randgebiete, industrialisiert/agrarisch
LebMur Slowenien	2	Randgebiete, industrialisiert/agrarisch

Die im Folgenden angegebenen Größen beziehen sich auf die Durchschnitte (Gruppenmittelwerte) der jeweiligen Regionstypen.

---

[10] Teile der hier vorgestellten Clusteranalyse erfolgten im Rahmen des vom steirischen Zukunftsfonds geförderten Projekt „Lebensraum Mur". Aus dem Akronym entstand der Arbeitstitel „LebMur", der in weiterer Folge als Bezeichnung für die im Rahmen des Projekts abgegrenzte grenzüberschreitende slowenisch-steirische Region bestehen blieb.

Abbildung 12:   Bruttoregionalprodukt pro Kopf in Prozent des jeweiligen Regionstypus im Jahr 2002

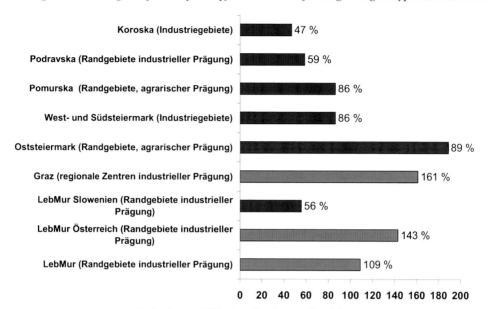

Quelle: Eurostat (2006), eigene Berechnungen JR-InTeReg.

6.1   LEBMUR: INDUSTRIELLER WESTEN, AGRARISCHER OSTEN

Die Region Lebmur als Aggregat aus den sechs NUTS 3 Teilregionen Graz, Oststeiermark, West- und Südsteiermark, Pomurska, Podravska und Koroška fällt in die Gruppe der industrialisierten Randgebiete. Wie erwartet sind die Teilregionen heterogen, insgesamt werden vier verschiedene Cluster besetzt. Was auf den ersten Blick auffällt, ist, dass mit Koroška/West- und Südsteiermark sowie Pomurska/Oststeiermark grenzüberschreitende benachbarte Gebiete jeweils in denselben Regionstypus fallen: in der Region LebMur steht einem industrialisierten Westen grenzüberschreitend ein agrarischer Osten gegenüber. Von den sechs Teilregionen fallen mit höheren Erreichbarkeitsziffern nur drei Regionen – Graz, die Weststeiermark und Koroška – in nicht als peripher klassifizierte Cluster (vgl. hierzu auch Aumayr, Kirschner, 2006).

6.2   ... IN ERREICHBARER RANDLAGE

LebMur liegt zwar in Randlage, weist aber noch immer deutlich höhere Erreichbarkeiten auf, als die Vergleichsgruppe. Von beiden nationalen LebMur Teilen aus sind zwischen 22 und 34 % mehr an Bevölkerung bzw. Beschäftigung erreichbar als in vergleichbaren Gebieten in Randlage. Weniger weit über dem Gruppendurchschnitt liegt jedoch die Erreichbarkeit von BRP- vom slowenischen Teil werden nur 94 % des BRP des Durchschnitts des Regionstypus Randgebiete industrieller Prägung erreicht, auch die übrigen slowenischen Regionen weisen (wie auch die anderen neuen Mitgliedsstaaten) eine geringere Erreichbarkeit von Bruttoregionalprodukt auf, als es ihrer Erreichbarkeit von Bevölkerung und Beschäftigung entsprechen würde.

Abbildung 13:   Erreichbarkeit von Bevölkerung, Beschäftigung und Bruttoregionalprodukt in Prozent des jeweiligen Regionstypus

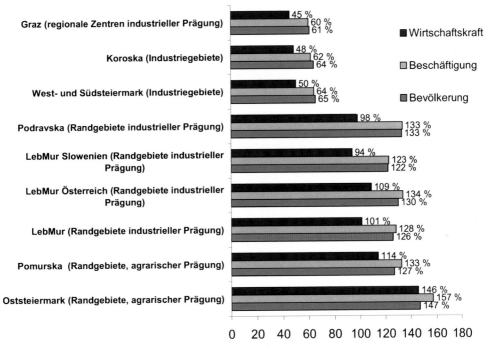

Quelle: IRPUD (2006), eigene Berechnungen JR-InTeReg.

6.3   DIE RANDLAGE GILT AUCH FÜR GRAZ

Was in Bezug auf Erreichbarkeiten weiters sofort auffällt, ist, dass sich Graz (welches sich als einzige Teilregion an der im Schnitt sehr viel zentraler gelegenen Gruppe der industriell geprägten Umlandregionen messen „muss") denkbar weit vom Gruppendurchschnitt entfernt befindet. Nur etwa 60 % der Beschäftigten und der Bevölkerung des Durchschnittswertes der industriell geprägten Umlandregionen und sogar nur 45 % des BRP sind von Graz aus erreichbar. – Dies ist nicht weiter verwunderlich, liegt doch einerseits der Großteil der *regionalen Zentren industrieller Prägung* im dicht besiedelten Deutschland, umgeben von vielen städtischen Agglomerationen und *zentralen*

Ballungsräumen, während anderseits von Graz mit seiner südlichen Lage am ehemals eisernen Vorhang, nicht nur geringere Kopfzahlen erreicht werden, sondern auch ob der „Wohlstandskante" ein noch deutlich geringeres Bruttoregionalprodukt im gleichen Radius erreicht werden kann, wie vom „durchschnittlichen" *regionalen Zentrum industrieller Prägung* aus. Dies bedeutet, dass auch für Graz eine zum eigenen Regionstypus relative Randlage angenommen werden kann.

6.4 INSGESAMT DURCHSCHNITTLICHE SEKTORALE PRODUKTIVITÄTEN…

Abbildung 14:   Sektorale Produktivitäten in Prozent des jeweiligen Regionstypus.

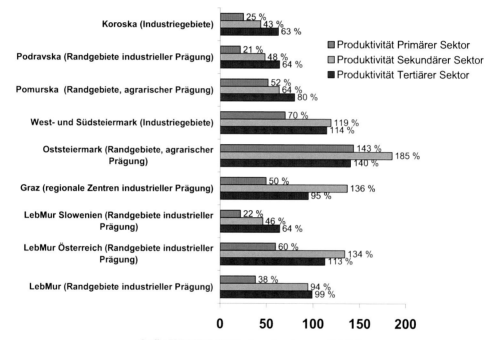

Quelle: EUROSTAT (2006), eigene Berechnungen JR-InTeReg.

Die sektoralen Produktivitäten – gemessen in der gröbsten Annäherung als sektorale Wertschöpfung je sektoral Beschäftigten – liegen insbesondere in den slowenischen Regionen weit unter den jeweiligen Durchschnitten der Regionstypen. Gemein ist auch (fast) allen betrachteten Regionen die weit unterdurchschnittliche Produktivität im primären Sektor. Nur die Oststeiermark, die aufgrund ihres nach EUROSTAT Daten hohen Beschäftigtenanteils in der Landwirtschaft in die Gruppe der agrarisch dominierten Randgebiete fällt, weist auch hier überdurchschnittliche Werte auf. Die Region LebMur als Gesamtes weist im primären und tertiären Sektor jeweils nur leicht unterdurchschnittliche Produktivitäten im Vergleich zu den Randgebieten industrieller Prägung auf, der österreichische Teil liegt in Bezug auf beide Größen an überdurchschnittlicher Stelle. Dabei sticht vor allem die um 34 Prozentpunkte höhere Produktivität des sekundären Sektors im österreichischen LebMur Teil hervor – die sicherlich maßgeblich durch die hohen Produktivitäten im regionalen Zentrum Graz erreicht werden. Auffällig in Bezug auf Graz ist jedoch die leicht unterdurchschnittliche Produktivität im Dienstleistungssektor gegenüber der Gruppe der regionalen Zentren.

6.5   DIE ÖSTERREICHISCHEN REGIONEN VERLOREN SEIT 1995 GEGENÜBER DEN VERGLEICHGRUPPEN AN NIVEAU, LIEGEN JEDOCH (NOCH?) ÜBERDURCHSCHNITTLICH HOCH.

Im Zeitablauf sind sowohl das BIP pro Kopf als auch die sektoralen Produktivitäten des österreichischen LebMur-Teils langsamer gewachsen als jene der Vergleichsgruppen. Interessant ist der Fall Süd-Weststeiermark: Trotz weit überdurchschnittlicher sektoraler Produktivitäten im sekundären und im tertiären Sektor erreicht es ein nur unterdurchschnittliches Bruttoregionalprodukt pro Kopf von 86 % der „alten" Industriegebiete. Eine mögliche (wenn auch wahrscheinlich noch bei weitem nicht hinreichende Erklärung dafür), könnte der im Gruppendurchschnitt mehr als doppelt so hohe süd-weststeirische Wertschöpfungsanteil im primären Sektor sein. 12 % der Beschäftigten der Süd-Weststeiermark arbeiteten 2002 in diesem Bereich (1995 noch 16 %), während es in den „alten" Industriegebieten nur etwa 4 % sind.

6.6   AUCH DIE REGION LEBMUR VERLOR SEIT 1995 GEGENÜBER IHRER VERGLEICHSGRUPPE.

Von den drei slowenischen Regionen wächst nur in Podravska das Bruttoregionalprodukt schneller als der Gruppendurchschnitt. Das agrarisch dominierte Pomurska verliert trotz gesteigerter Arbeitsproduktivität im primären Sektor an Bruttoregionalprodukt gegenüber dem Gruppendurchschnitt, und auch Koroška bleibt hinter der Vergleichsgruppe zurück. (Vergleiche dazu auch die Abbildungen im Anhang). Graz wuchs insbesondere um die Jahrtausendwende sehr viel stärker als die europäische Vergleichgruppe, dadurch ebenso der österreichische Teil von LebMur.

Abbildung 15:   Bruttoregionalprodukt pro Kopf 1995-2002 im europäischen Vergleich

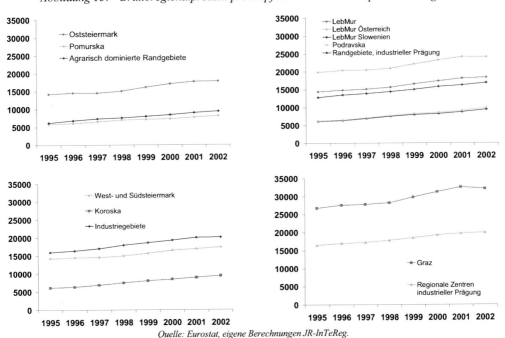

Quelle: Eurostat, eigene Berechnungen JR-InTeReg.

Tabelle 24: Niveaugrößen 2002 und 1995 der Region LebMur und ihrer Teilregionen im Vergleich zum jeweiligen Regionstypus

	BRP/Kopf		Produktivität Primärer Sektor		Produktivität Sekundärer Sektor	
	2002	**1995**	**2002**	**1995**	**2002**	**1995**
Lebmur	109	112	46	90	104	156
Lebmur Österreich	143	155	73	90	148	156
Lebmur Slowenien	56	48	26		51	
Graz	161	162	48	59	132	137
Oststeiermark	189	229	236	163	242	232
West- und Südsteiermark	86	89	95	102	145	144
Pomurska	86	94	85		83	
Podravska	59	49	26		53	
Koroška	47	38	34		53	
	Produktivität Tertiärer Sektor		**Erreichbarkeit von**			
	2002	**1995**	**Bevölkerung**	**Beschäftigung**	**BRP**	
Lebmur	102	172	126	128	101	
Lebmur Österreich	116	172	130	134	109	
Lebmur Slowenien	66		122	123	94	
Graz	95	131	61	60	45	
Oststeiermark	160	214	147	157	146	
West- und Südsteiermark	124	139	65	64	50	
Pomurska	92		127	133	114	
Podravska	66		133	133	98	
Koroška	68		64	62	48	

Bibliographie

Adam, B., Gödecke-Stellmann J., (2002), Metropolregionen: Konzepte, Definitionen und Herausforderungen, in: Informationen zur Raumentwicklung, 9/2002, 513-525.

Aumayr, Ch., Kirschner, E. (2006), Hypothesen zur künftigen Entwicklung, Zukunftsszenarien für den Verdichtungsraum Graz , InTeReg Working Paper Nr. 44.

Bauriedl, S., Winkler, M. (2004), Typisierung europäischer Regionen auf ihrem Weg zu nachhaltiger Entwicklung, in: NEDS Working papers 4, 8/2004.

BMWA et al. (2001), Ready to enlarge, Hauptergebnisse von Preparity, Hsg. Stadt Wien.

ERDF/FEDER (1998), A New Peripherality Index for the NUTS III Regions of the European Union, http://www.tamuk.edu/geo/urbana/fall%202001/DGXVIREP.pdf.

Eurostat Datenbank (2006), Regionalstatistiken, http://epp.eurostat.cec.eu.int/ portal/page?_pageid=1996,45323734&_dad=portal&_schema=PORTAL&screen=welcomeref&o pen=/&product=EU_general_statistics&depth=2&language=de, 10. April 2006.

Kirschner, E., Prettenthaler, F. (2006), Ein Portrait der Region, Zukunftsszenarien für den Verdichtungsraum Graz -Maribor (LebMur), Teil A1, JOANNEUM RESEARCH-InTeReg, Working Paper Nr. 33.

Kronthaler, F. (2003), Unterschiede in der Ausstattung deutscher Regionen mit Wachstumsfaktoren: Ein Vergleich auf Basis einer Clusteranalyse, in: Wirtschaft im Wandel, 13/2003, 355-362.

Mayerhofer, P., Palme, G. (2001), Preparity: Strukturpolitik und Raumplanung in den Regionen an der mitteleuropäischen EU-Außengrenze zur Vorbereitung auf die EU-Osterweiterung : Teilprojekt 8: Aspekte der regionalen Wettbewerbsfähigkeit.

Palme, G. (1995a), Struktur und Entwicklung österreichischer Wirtschaftsregionen, in: Mitteilungen der Österreichischen Geographischen Gesellschaft, 137. JG (Jahresband), Wien 1995, 393-416.

Palme, G. (1995b), Divergenz regionaler Konvergenzclubs, in: WIFO Monatsberichte , 12/95, 769-781.

Palme, G., Mayerhofer P. (2001), Strukturpolitik und Raumplanung in den Regionen an der mitteleuropäischen EU-Außengrenze zur Vorbereitung auf die EU-Osterweiterung. Teil 6/1: Sachgüterproduktion und Dienstleistungen: Sektorale Wettbewerbsfähigkeit und regionale Integrationsfolgen.

Prettenthaler, F. (2004), Regionalökonomische Charakterisierung der Nachbarregionen Südösterreichs. Eine clusteranalytische Untersuchung von 77 Regionen Mittel- und Südosteuropas, Wirtschaftspolitische Blätter 1/2004.

Schürmann, C., Spiekermann, K. und Wegener, M. (1997), Accessibility Indicators: Model and Report., SASI Deliverable D5. Institut für Raumplanung, Universität Dortmund.

Schürmann, C., Talaat, A. (2000), Towards a European Peripherality Index Final Report, Report for General Directorate XVI Regional Policy of the European Commission.

Talaat, A., Schürmann C. (2002), The European Peripherality Index, Paper presented at the 42nd Congress of the European Regional Science Association (ERSA), Dortmund, 27-31 August 2002 http://www.ersa.org/ersaconfs/ersa02/cd-rom/papers/224.pdf, 8.11.2005.

ZUM STRUKTURWANDEL DER REGION

EIN VERGLEICH FINNISCHER UND STEIRISCHER REGIONEN IM RAHMEN DES PROJEKTS LEBENSRAUM MUR

Christine Aumayr

JOANNEUM RESEARCH, Institut für Technologie- und Regionalpolitik

Elisabethstraße 20, 8010 Graz

e-mail: christine.aumayr@joanneum.at

Tel: +43-316-876/1471

Abstract:

Finnische Regionen dienen häufig als Vorzeigebeispiele für ökonomische Entwicklung. In dieser Arbeit wird analysiert, inwiefern sich die Entwicklung ausgewählter finnischer NUTS 3 und NUTS 2 Regionen von jener der Steiermark und ihrer südlichen Teilregionen unterscheidet. Eine shift-share Analyse der Entwicklung der Bruttowertschöpfung zeigt, dass die analysierten finnischen Regionen auf europäische Wachstums-branchen spezialisiert sind, und diese noch einmal überdurchschnittlich wuchsen. Die Steiermark (und Österreich) sind weniger auf europäische Wachstumsbranchen spezialisiert, in der Steiermark finden sich jedoch die österreichischen Wachstumsbranchen, wodurch diese – trotz negativen Struktureffekts – eine überdurchschnittliche Entwicklung zwischen 1995 und 2002 aufwies.

Keywords: regional structural change, shift-share analysis, Finland, Styria.

JEL Classification: R11, R58.

Inhaltsverzeichnis Teil A3

Abbildungs- und Tabellenverzeichnis Teil A3

Kurzfassung

Nach einer ökonomisch schwierigen Zeit Anfang der 90er Jahre, bedingt durch den Wegbruch wichtiger Exportmärkte der ehemaligen Sowjetunion und der dadurch erforderlichen Neuorientierung der finnischen Industrie auf neue Märkte konnten einige finnische Regionen eine erfolgreiche Transformation – weg von traditionell ressourcen- und arbeitsintensiven Industrien hin zu wissensbasierten Zweigen – verzeichnen und damit auch einen bemerkenswerten Aufholprozess beim Pro-Kopf Einkommen im europäischen Vergleich in Gang setzen.

Bemerkenswerter Aufholprozess beim Pro-Kopf Regionalprodukt der finnischen Regionen

Jede der drei in dieser Arbeit analysierten Regionen (Pirkanmaa, Etelä-Karjala und Pohjois-Pohjanmaa mit den Zentren Tampere, Lappeenranta und Oulu) verzeichnete im betrachteten Zeitraum ein stärkeres Wachstum im Pro-Kopf Einkommen als die steirischen Vergleichsregionen und die jeweiligen europäischen Regionstypen, die durch eine Clusteranalyse im Rahmen des Projektes Lebensraum Mur erstellt wurde (vgl. Aumayr, 2006). So konnte zum Beispiel Pohjois-Pohjanmaa, das wie die Region LebMur im europäischen Vergleich als Randgebiet industrieller Prägung gilt, zwischen 1995 und 2002 fast zur Gänze auf das Pro-Kopf Einkommen des österreichischen Teils von LEBMUR aufholen. Pirkanmaa zählt im selben Zeitraum mit einer durchschnittlichen jährlichen Wachstumsrate des nominellen Bruttoregionalproduktes von 5,2 % zu den Top 20 der am stärksten wachsenden regionalen Zentren industrieller Prägung Europas. Auch die Region Etelä-Karjala verzeichnete hohe Wachstumsraten des Pro-Kopf Einkommens – ein Teil dieser Entwicklung war jedoch auf die negative Bevölkerungsentwicklung (-2 % im betrachteten Zeitraum) zurückzuführen. Damit ist auch ein bedeutendes Problem (vor allem auch jener in dieser Arbeit nicht betrachteten) finnischen Regionen angesprochen, die ob der Sogwirkung der Hauptstadtregion Etelä-Suomi und anderer dynamischer regionaler Zentren auf Unternehmen und (qualifizierte) Arbeitskräfte im nationalen Vergleich an Boden verlieren.

Industrieland Finnland

Finnland ist im europäischen Vergleich ein hoch industrialisiertes Land, der Anteil der finnischen Sachgütererzeugung an der gesamten Bruttowertschöpfung lag im Jahr 1995 bei 25 % und damit fünf Prozentpunkte über dem EU-Schnitt, bis ins Jahr 2002 stieg der Anteil noch stark weiter. Auch Österreich verzeichnete im selben Zeitraum einen Anstieg dieses Anteils und damit einen im europäischen Vergleich atypischen Strukturwandel der Wertschöpfungsanteile zwischen 1995 und 2002, der sich in zunehmender Industrialisierung und sogar leicht rückgängiger Tertiärisierung manifestierte.

Innerhalb des produzierenden Bereichs konnten in Österreich die Metallerzeugung und -verarbeitung, der Fahrzeugbau, die Elektrotechnik/Elektronik und die Kunststoffbranche ihre Wertschöpfungsanteile ausweiten, in Finnland erfolgte die Ausweitung stark konzentriert auf den Bereich Elektrotechnik/Elektronik und damit weit weniger diversifiziert. In den Dienstleistungssektoren verzeichneten beide Länder im betrachteten Zeitraum im europäischen Vergleich unterdurchschnittliche Wachstumsraten.

Für Finnland (und die meisten der betrachteten Regionen) gilt dieses Muster des Strukturwandels auch für die Beschäftigung: Pirkanmaa und Pohjois-Pohjanmaa dehnten die Beschäftigung im sekundären Sektor stark aus, Etelä-Karjala (das insgesamt nur moderate Beschäftigungsausweitungen verzeichnen konnte) hingegen verzeichnete wie die meisten österreichischen Regionen Zuwächse im Dienstleistungssektor auf Kosten des produzierenden Bereichs. Von den österreichischen LEBMUR Regionen wies nur die Oststeiermark diese Form des sektoralen Strukturwandels auf. Die steirische Wachstumsbranche in Bezug auf Beschäftigung war im betrachteten Zeitraum der Fahrzeugbau.

Das Wachstum der finnischen Regionen: Ein Setzen auf die „richtigen" Wachstumsbranchen oder eher „hausgemachte" Faktoren?

Die im Rahmen dieser Arbeit durchgeführte Shift-Analyse ging den Bestimmungsgründen des Wachstums finnischer Regionen auf den Grund: Ist das Wachstum der finnischen Regionen durch die Konzentration auf und das Vorhandensein von europäischen bzw. finnischen Wachstumsbranchen schon erklärt oder spielen regionsspezifische Standortfaktoren eine Rolle, die sich auch durch Interaktion der Branchen mit der jeweiligen Region ergeben können? Das Wachstum der sektoralen Bruttowertschöpfung der NUTS 2 Regionen Etelä-Suomi, Länsi-Suomi und Pohjois-Suomi wie auch der Steiermark wurde in diesem Teil in Bezug zur Entwicklung der EU-15, EU-25 und der jeweiligen Nation gesetzt.

Als Ergebnisse dieser Analyse können die folgenden Aussagen festgehalten werden:

- Das hohe Wachstum Finnlands kann zwar auch auf das Vorhandensein (europäischer) Wachstumsbranchen in Finnland zurückgeführt werden – jedoch nur zu einem geringen Teil. Es ist sehr viel mehr "made in Finland", und, wie im ersten Teil der Arbeit gezeigt wird, zum Gutteil der positiven Entwicklung des industriellen Sektors und hier insbesondere der Elektrotechnik/Elektronikbranche (Stichwort: NOKIA) zu verdanken.

- Besonders dynamisch entwickelte sich die südliche Hauptstadtregion Etelä-Suomi mit Helsinki und Turku als wichtigen regionalen Zentren. Etelä-Karjala als Teilregion dieser Region konnte weniger an dieser Entwicklung teilhaben, insbesondere auf den nationalen Durchschnitt bezogen.

- Deutlich wird aus der Shift-Analyse die Dynamik des finnischen südlichen Zentrums Etelä-Suomi, die die an sich im Europavergleich recht positive Entwicklung der anderen betrachteten finnischen Regionen im Vergleich auf nationaler Ebene in den Schatten stellt: Bei einer Abdeckung von etwa 60 % der finnischen Bruttowertschöpfung durch diese Region und gleichzeitiger recht vorteilhafter Entwicklung finden sich die anderen Regionen im nationalen Vergleich auf der unterdurchschnittlichen Wachstumsseite. Die Shift-Analyse zeigt genau dieses Phänomen negativer Struktur- und Standorteffekte der Regionen Pohjois-Suomi und Länsi-Suomi im nationalen Vergleich.

Unter dem Strich: Kein Überhang europäischer Wachstumsbranchen in Österreich, dafür nationale Wachstumsbranchen in der Steiermark.

Österreich, das ähnlich wie Finnland (wenn auch nur bezogen auf die Wertschöpfung, weniger auf die Beschäftigung) im betrachteten Zeitraum eher einen Industrialisierungs-, denn Tertiärisierungsprozess beschritt, konnte demgegenüber nur ein im europäischen Vergleich unterdurchschnittliches Wachstum verzeichnen, das aufgrund einer Shift-Analyse fast vollständig auf den unterdurchschnittlichen Besatz mit (europäischen) Wachstumsbranchen zurückzuführen ist. Vor dem Hintergrund über- bis durchschnittlicher Wachstumsraten in den 70er bis 90er Jahren wurde dieses Phänomen auch als „Österreichisches Struktur-Paradoxon" bekannt, und durch die Ausnützung von Catching-up-Prozessen, erfolgreiche makropolitische Strategien und die vorteilhafte wirtschaftsgeographische Lage Österreichs in Europa erklärt.[11]

Auch die Steiermark ist im europäischen Vergleich nicht auf **„die"** europäischen Wachstumsbranchen spezialisiert, konnte jedoch dank regionsspezifischer Standortfaktoren insgesamt ein überdurchschnittliches Wachstum verzeichnen. Wie auch für Finnland gilt hier, dass die standortspezifische Interaktion zwischen bestimmten Branchen und der Region (in erster Linie der Fahrzeugbau, jedoch auch die Branchen der Elektrotechnik und Elektronik sowie die Kunststoff- und Metallsektoren) ein überdurchschnittliches Wachstum bedingten. Deutlich wird dies auch an den weiteren Ergebnissen der Shift-Analyse, die der Steiermark im Österreich-Vergleich einen positiven Struktureffekt, das heißt einen Besatz mit nationalen Wachstumsbranchen bescheinigt. Auch in der Steiermark ist jedoch in der mittleren Frist ein Wegschmelzen von jenen Wachstumsvorteilen gegeben, die sie aus ihrem traditionellen Rückstand (gegenüber Österreich bzw. vergleichbaren EU-Regionen) bezieht und eine Begleitung des Strukturwandels mit einem technologie- und strukturpolitischen Maßnahmenbündel wäre angebracht, das neben der Stärkung und technologischen Höherpositionierung der vorhandenen nationalen Wachstumsbranchen auch den sukzessiven Aufbau europäischer Wachstumsbranchen forciert[12]sowie auf die Verbreiterung der „Innovationsspitze" in den klein- und mittelbetrieblichen Bereich abzielt.

---

[11] Peneder (1999) The Austrian Paradox: „Old" Structures, but High Performance?, Austrian Economic Quarterly, 4/1999, S.239-247; Peneder (2001) Eine Neubetrachtung des "Österreich-Paradoxon", WIFO Monatsberichte, 12/2001, S. 737-748.
[12] Zakarias, *et al.* (2003), „Industrie in der Steiermark", Zukunft Industrie.

Abbildung 16: Ergebnisse der Shift Analyse in Bezug auf die EU-15

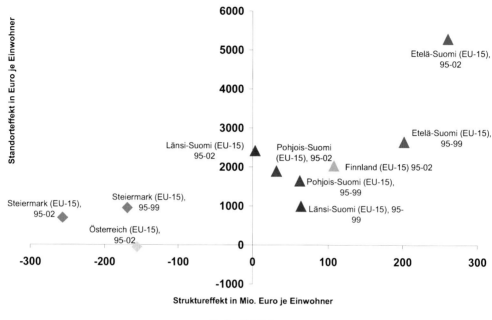

Quelle: JR-InTeReg

Die finnischen Standortfaktoren: Regionale Innovation in wenigen Branchen und regionalen Unternehmen.

Die viel zitierten höheren F&E-Quoten Finnlands sind in allen drei der in dieser Studie betrachteten finnischen (NUTS 2) Regionen Realität. Es ist jedoch nicht die Hauptstadtregion Etelä-Suomi, welche die höchsten Raten an F&E-Personal beziehungsweise an Ausgaben für F&E aufweist, sondern die Region Pohjois-Suomi mit dem Zentrum Oulu und einer F&E-Quote von 4,2 % im Jahr 2002. Die Steiermark steht den finnischen Regionen zwar bei den im F&E-Bereich Beschäftigten (2,3 % der Gesamtbeschäftigung), nicht jedoch bei den (innerbetrieblichen) Ausgaben für F&E nach.

Eine schon etwas ältere vergleichende Studie zum Innovationsprozess von Unternehmen aus acht europäischen Regionen, darunter die Steiermark und Tampere, von Schienstock (1999) ergab, dass sich die Maßnahmen zur Erhaltung der unternehmerischen Wettbewerbsfähigkeit (neben dem gemeinsamen Fokus auf innerbetriebliche F&E und Humankapital) in einem Punkt unterscheiden: Während finnische Unternehmen als dritte Maßnahme Marketingaktivitäten anführen und in ihrem Innovationsprozess stark mit Kundenfirmen zusammenarbeiten, geben die steirischen Unternehmen die enge Kooperation mit anderen Unternehmen und die Einbindung von Zulieferfirmen als bedeutend an.

Auffällig ist der rapide Wandel des technologischen Grades der Sachgütererzeugung der Region Pohjois-Suomi: In dieser sank zwischen 1995 und 2002 der Beschäftigtenanteil der Low Tech-

Branchen um sieben Prozentpunkte, während der Anteil der High Tech-Branchen um drei Prozentpunkte zunahm. Wie aus einer Auswertung europäischer Patentstatistiken ersichtlich, ist - bei aller gebotenen Vorsicht der Verwendung von Patenten als Indikator für tatsächliche Forschung, insbesondere im regionalen Vergleich - die Konzentration der Region Pohjois-Suomi auf die Branche Elektrotechnik enorm, jedoch im betrachteten Zeitraum rückläufig.

Auch die anderen finnischen Regionen wie auch der Österreich-Durchschnitt verzeichneten deutlich sinkende Beschäftigtenanteile in Low Tech Branchen, für die Steiermark konnte dieser deutliche Rückgang nicht festgestellt werden, hier fand eine relative Beschäftigungsausweitung vor allem im Medium High Tech-Segment statt (zurückzuführen in erster Linie auf den Fahrzeugbau, sowie die chemische Industrie und den Maschinenbau).

Diese relativen Beschäftigungszuwächse im steirischen Medium High Tech Segment, und damit das technologische Upgrade der steirischen Sachgütererzeugung ging weniger (wie in den finnischen Regionen) zulasten des Anteils an Beschäftigung in den Low Tech-Branchen, sondern erfolgte vielmehr auf Kosten der Medium Low Tech Branchen (Beschäftigungsstagnation in den Metallbranchen).

1. Einleitung und Motivation

1.1 FINNISCHE REGIONEN ALS VORZEIGEBEISPIELE FÜR ERFOLGREICHEN STRUKTURWANDEL?

Motivation dieser Arbeit ist die Untersuchung der Frage, ob und in welcher Hinsicht ausgewählte finnische Regionen der Steiermark im Allgemeinen und den LebMur-Regionen im Besonderen als Vorzeigebeispiele prosperierender und wachsender Regionen, welche in den letzten Jahren einen erfolgreichen Strukturwandel verbunden mit technologischem Upgrade verzeichnen konnten, dienen können (siehe Kirschner, Prettenthaler, 2006). Als Ausgangspunkt für die Auswahl der zu untersuchenden Regionen dienten dabei ein kürzlich geführtes Interview mit dem in beiden Regionen tätigen Technologieexperten Prof. Schienstock[13] sowie die Ergebnisse einer Clusteranalyse im Rahmen desselben Projektes, die eine Klassifikation europäischer Regionstypen nach räumlichen und strukturellen Gesichtspunkten für über 1.100 europäische NUTS 3-Regionen vornahm (Aumayr, 2006). Hintergedanke dieser Analyse war es, eine Basis für „Vergleiche von Gleichen mit Gleichen" zu schaffen, also nur jene Regionstypen einander gegenüberzustellen, die über eine ähnliche Ausstattung an Wachstumsfaktoren (Humankapital, Sachkapital, hohe Erreichbarkeiten, Agglomerationsvorteile) verfügen und für die aus diesem Grund eine ähnliche Entwicklung erwartet werden darf.

Die Wahl fiel auf die drei finnischen (NUTS 3) Regionen: Etelä-Karjala mit dem nahe an der russischen Grenze gelegenen Zentrum Lappeenranta, einem europäischen „Industriegebiet"; die dynamischen Region Pirkanmaa mit dem Zentrum Tampere, Forschungsstandort des Nokia Konzerns und im europäischen Vergleich wie Graz ein „regionales Zentrum industrieller Prägung"; sowie die weiter nördlich gelegene Region Pohjois-Pohjanmaa, die mit ihrem Zentrum Oulu als „Randgebiet industrieller Prägung" eine vom finnischen „dynamischen Dreieck" recht unabhängige Entwicklung als Zentrum für Informationstechnologie und Telekommunikation entfalten konnte. Aus Gründen der Datenverfügbarkeit wurde im Regionsvergleich auch häufig auf die Ebene NUTS 2 gewechselt (Etelä-Suomi, Länsi-Suomi, Pohjois-Suomi) bzw. werden Aussagen auch auf nationalem Niveau getätigt. In allen Punkten wird dabei die Entwicklung der Steiermark bzw. der Region LebMur mitgedacht und verglichen.

Als Hintergrundinformation zur allgemeinen Entwicklung Finnlands seien hier folgende Punkte skizzenhaft festgehalten: Bis Anfang der 90er Jahre pflegte Finnland engste wirtschaftliche Beziehungen zur Sowjetunion. Etwa 25 % der finnischen Exporte, insbesondere Massenprodukte wie Erzeugnisse der Textilindustrie, aber auch des Maschinenbaus gingen an den Nachbarn hinter dem Eisernen Vorhang. Mit der Wende kam es zum Wegbruch dieser Märkte, eine Neuorientierung auf Industrien, die auch auf neuen Märkten reüssieren konnten – weg von wenig wettbewerbsfähigen ressourcenintensiven hin zu wissensintensiven Zweigen, – war vonnöten. Die Clusterpolitik war in Finnland schon ein traditionelles wirtschaftspolitisches Konzept, im Vergleich zu Österreich sind die

---

[13]   Prof. Gerd Schienstock ist Soziologe und sowohl als Forschungsprofessor und wissenschaftlicher Direktor am Work Research Centre an der Universität Tampere, Finnland seit 1995 als auch seit 2005 am Grazer Interuniversitären Forschungszentrum für Technik, Arbeit und Kultur (IFZ) tätig.

finnischen Regionen jedoch wenig autonom und eher zentral gesteuert. Durch das im Jahr 1999 begonnene nationale Programm der „Centers of Expertise" wird die Konzentration finnischer Regionen auf ihre regionalen „Expertisen" – das heißt Stärkefelder – gefördert. Als aktuelle Herausforderung der finnischen Regionen[14] und Regionalpolitik sind folgende Punkte zu nennen: Die Binnenmigration zieht viele Finnen ins dynamische südliche finnische Dreieck der Städte Helsinki-Tampere-Turku. Vor allem Regionen in Randlage, insbesondere im Norden sind davon betroffen. Weiters macht die finnische Unternehmensstruktur mit einigen großen globalen Spielern, dafür jedoch wenigen Zulieferern im eigenen Land (die im Allgemeinen auch eine große Beschäftigungsintensität aufweisen) die finnische Wirtschaft anfällig für exogene Schocks. Demgegenüber stehen ein „Technonationalismus" mit breiter Unterstützung von und Identifikation mit finnischen Vorzeigekonzernen und das allgemeine Bekenntnis zur Strategie einer finnischen Wissensgesellschaft. Diese setzt sich die Haltung von Kernbereichen der Forschung und Entwicklung anstelle von Produktionsstätten als Ziel und begegnet dem europäischen Thema Arbeitslosigkeit mit der nachdrücklichen Anhebung des Ausbildungsniveaus, insbesondere bei der Grundausbildung.

1.2   AUFBAU DER ARBEIT

Der erste Teil stellt eine quantitative Beschreibung der Regionen dar: Ihr Wachstum wird in Bezug zu den europäischen Regionstypen der Clusteranalyse gesetzt, der finnische Aufholprozess vor dem Hintergrund der sektoralen Beschäftigungs- und Wertschöpfungs- und damit auch der sektoralen Produktivitätsentwicklung analysiert. Weiters analysiert dieser Teil „den" finnischen regionalen Standortfaktor und die Fokussierung auf High Tech-Sektoren mit hohen F&E-Intensitäten. Im zweiten Teil wird mithilfe einer traditionellen Analysemethode der Regionalökonomie (Shift-Analyse) der Frage nachgegangen, ob das Wachstum der Regionen eher auf die Konzentration von im europäischen Vergleich starken Wachstumsbranchen oder auf standortspezifische Faktoren, die sich auch aus der Interaktion Branche und Region ergeben bzw. überhaupt regionsspezifisch sind, zurückgeführt werden kann.

1.3   RÄUMLICHE ABGRENZUNG

Im Rahmen des Projekts Lebensraum Mur wird in der Steiermark auf den aus drei NUTS 3-Regionen bestehenden Teil LebMur-Österreich abgestellt, der slowenische Teil wird in dieser Arbeit nicht mit berücksichtigt, da der Vergleich durch Regionen im Transformationsprozess erheblich verzerrt und auch erschwert würde. In Finnland werden in erster Linie die Regionen Etelä-Karjala, Pirkanmaa und Pohjois-Pohjanmaa betrachtet, aus Datenverfügbarkeitsgründen wird jedoch häufig auf die Ebene NUTS 2 und damit auf die zugehörigen Regionen Etelä-Suomi, Länsi-Suomi und Pohjois-Suomi gewechselt.

---

[14]   Neben den auch wie in vielen anderen hoch entwickelten Ländern der EU herrschenden Problemen der Alterung der Bevölkerung und der – durch die bereits hohe Frauenerwerbsquote – dringenden Notwendigkeit der Attrahierung und Integration von MigrantInnen.

Abbildung 17: Räumliche Abgrenzung und Zuordnung der Regionen

NUTS 2 Code	NUTS 2-Region	NUTS 3 Code	NUTS 3-Region	Aggregat bzw. wichtige Städte
AT 22	Steiermark			
		AT221	Graz-Umgebung	LebMur Österreich
		AT222	Liezen	
		AT223	Östliche Obersteiermark	
		AT224	Oststeiermark	LebMur Österreich
		AT225	West- und Südsteiermark	LebMur Österreich
		AT226	Westliche Obersteiermark	
FI18	Etelä-Suomi	FI181	Uusimaa	Helsinki
		FI182	Itä-Uusimaa	Porvoo
		FI183	Varsinais-Suomi	Turku
		FI184	Kanta-Häme	Hämeenlinna
		FI185	Päijät-Häme	Lahti
		FI186	Kymenlaakso	Kotka
		FI187	Etelä-Karjala	Laapeenranta
FI19	Länsi-Suomi			
		FI191	Satakunta	Pori
		FI192	Pirkanmaa	Tampere
		FI193	Keski-Suomi	Jyväskylä
		FI194	Etelä-Pohjanmaa	Seinäjoki
		FI195	Pohjanmaa	Pohjanmaa
FI1a	Pohjois-Suomi	FI1A1	Keski-Pohjanmaa	Kokkola
		FI1A2	Pohjois-Pohjanmaa	Oulu
		FI1A3	Lappi	Rovaniemi

Abbildung 18: Die Regionen Finnlands

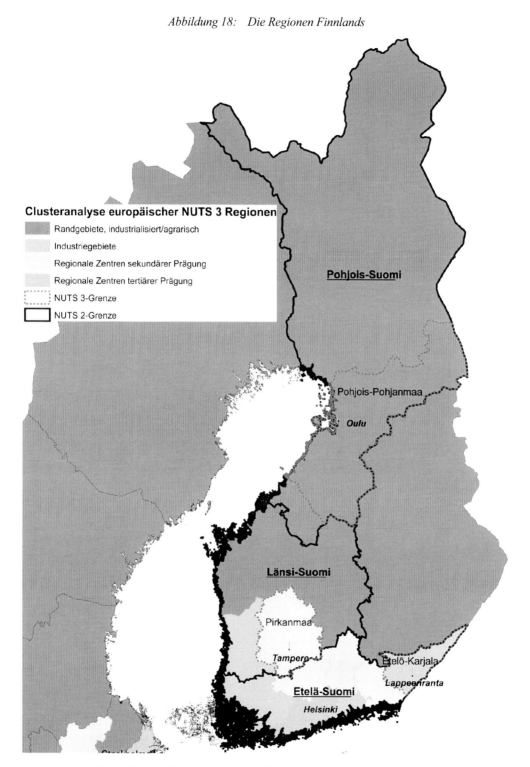

Clusteranalyse europäischer NUTS 3 Regionen

- Randgebiete, industrialisiert/agrarisch
- Industriegebiete
- Regionale Zentren sekundärer Prägung
- Regionale Zentren tertiärer Prägung
- NUTS 3-Grenze
- NUTS 2-Grenze

Pohjois-Suomi

Pohjois-Pohjanmaa

Oulu

Länsi-Suomi

Pirkanmaa

Tampere

Etelä-Karjala

Lappeenranta

Etelä-Suomi

Helsinki

Quelle: GIS, eigene Darstellung JR-InTeReg; Ergebnisse der Clusteranalyse, Aumayr (2006).

2. Regionsvergleich

2.1 BRUTTOREGIONALPRODUKT NACH EUROPÄISCHEN REGIONSTYPEN

2.1.1 Pirkanmaa/Graz-Umgebung/regionale Zentren industrieller Prägung

Pirkanmaa zählt wie Graz zu der Gruppe der regionalen Zentren industrieller Prägung. Als Einschränkung ist zu bemerken, dass die finnische NUTS 3-Region flächenmäßig sehr viel größer als Graz–Umgebung ist, Urbanisations- und Agglomerationsvorteile, wie sie in Graz-Umgebung anfallen, sind für die gesamte Region Pirkanmaa (wenn man über das Zentrum Tampere hinausgeht) daher weniger ausgeprägt. Separate Daten für eine kleinräumiger abgegrenzte Region rund um die Stadt Tampere sind nicht verfügbar. In beiden Regionen liegt das Bruttoregionalprodukt je Einwohner deutlich über jenem der Vergleichsregionen „Regionale Zentren industrieller Prägung". Gegenüber dem nationalen Durchschnitt liegt Graz weit voran, während Pirkanmaa hinter dem finnischen leicht zurückliegt (Auch dieses Verhältnis kann mit dem weitaus geringeren städtischen Anteil der Region erklärt werden.). Untersuchenswert ist der Aufholprozess, den die Region seit 1995 beschritt: Die durchschnittliche jährliche Wachstumsrate zwischen 1995 und 2002 des Bruttoregionalprodukts liegt in der Region Pirkanmaa bei 5,2 % und damit unter den TOP 20 des Regionstypus „regionale Zentren industrieller Prägung" (Graz liegt mit einem durchschnittlichen jährlichen Wachstum derselben Größe von 3,6 % an der 114. Stelle von 326 Regionen).

Abbildung 19:   *Entwicklung des Bruttoregionalprodukts je Einwohner in den Vergleichsregionen: 1995 – 2002 im Vergleich zu den nationalen Durchschnitten.*

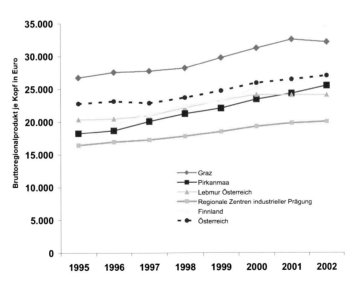

Quelle: Eurostat (2005), eigene Berechnungen JR-InTeReg.

Wie aus der Abbildung klar ersichtlich ist, hat die Region Pirkanmaa von tieferem Niveau ausgehend beim BRP pro Kopf auf das Niveau des österreichischen LebMur-Teils aufgeholt (zu Kaufkraftparitäten jedoch erst 2 Jahre später). Die regionale Entwicklung Pirkanmaas folgte dabei parallel der finnischen. Graz hingegen konnte mit Jahren geringfügig höheren Wachstums seinen Vorsprung gegenüber dem Österreich–Schnitt beim BRP je Kopf erhöhen, mit hohen Wachstumsraten vor allem um die Jahrtausendwende. Damit steht Graz beim BRP pro Kopf noch immer vor der finnischen Vergleichsregion.

Abbildung 20:   TOP 20 Performer an Wohlstandsgewinn zwischen 1995 und 2002 im Regionstypus „regionale Zentren industrieller Prägung" (N=326) durchschnittliche jährliche Wachstumsrate des Bruttoregionalprodukts zu Kaufkraftparitäten je Einwohne.

Rang	Nuts Code	Region	Jährliche Wachstumsrate
1	LT003	Klaipedos apskritis	6.9
2	DE42A	Teltow-Fläming	6.8
3	UKG13	Warwickshire	6.4
4	DE418	Uckermark	6.2
5	UKF23	Northamptonshire	6.1
6	UKK13	Gloucestershire	6.1
7	SI00E	Osrednjeslovenska	5.8
8	ES523	Valencia / València	5.8
9	ES522	Castellón / Castelló	5.8
10	ES620	Murcia	5.7
11	DEE32	Aschersleben-Staßfurt	5.6
12	DEG0E	Hildburghausen	5.5
13	UKG24	Staffordshire CC	5.3
14	DEE33	Bördekreis	5.3
15	BE253	Arr. Ieper	5.3
16	FI192	Pirkanmaa	5.2
17	DEG0H	Sonneberg	5.2
18	ES220	Navarra	5.2
19	UKD22	Cheshire CC	5.2
20	DE414	Oberhavel	5.2
…	…	…	…
114	AT 221	Graz	3,7

Quelle: Eurostat (2005), eigene Berechnungen JR-InTeReg.

2.1.2   Etelä-Karjala/West- und Südsteiermark/Industriegebiete

Etelä-Karjala zählt wie die West- und Südsteiermark im europäischen Vergleich zum Regionstyp der „Industriegebiete". Bei diesem Regionstypus handelt es sich im europäischen Vergleich um solche Regionen, die relativ gesehen einen recht hohen Anteil an Bruttowertschöpfung in der Industrie verzeichnen können, die jedoch teilweise auch niedrige Produktivitäten in diesem Sektor aufweisen. Das BRP je Einwohner der Region Etelä-Karjala liegt im finnischen Durchschnitt, während die West- und Südsteiermark hinter dem österreichischen Durchschnitt liegt. Auch zu Kaufkraftstandards zeigt sich, dass die West- und Südsteiermark in den letzten Jahren leicht hinter ihren Regionstypus zurückgefallen ist.

Abbildung 21: Entwicklung des Bruttoregionalprodukts je Einwohner in den Vergleichsregionen:
1995 – 2002 im Vergleich zu den nationalen Durchschnitten und der Region LebMur.

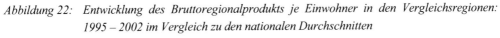

Quelle: Eurostat (2005), eigene Berechnungen JR-InTeReg.

2.1.3 Pohjois-Pohjanmaa/LEBMUR-Österreich/Industriell-ländliche Randgebiete

Auch die Region Pohjois-Pohjanmaa, die wie der österreichische Teil der Region LEBMUR der Gruppe der industriell ländlichen Randgebiete angehört, hat von niedrigerem Niveau aus einen erfolgreichen Aufholprozess gestartet und konnte bis ins Jahr 2002 fast auf die LEBMUR Pro-Kopf Werte des BRP anschließen.

Abbildung 22: Entwicklung des Bruttoregionalprodukts je Einwohner in den Vergleichsregionen:
1995 – 2002 im Vergleich zu den nationalen Durchschnitten

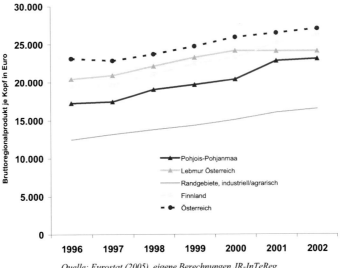

Quelle: Eurostat (2005), eigene Berechnungen JR-InTeReg.

2.2   AUFHOLPROZESS DER REGIONEN

Die höheren Wachstumsraten der finnischen Regionen im betrachteten Zeitraum zeigen, dass teils ein Aufholprozess erfolgte, überholen konnte jedoch noch keine der beiden zurückliegenden finnischen Regionen ihr steirisches Pendant bis Ende des Jahres 2002. Auch gegenüber dem festgestellten Regionstypus der Clusteranalyse zeigt sich das höhere Wachstum der finnischen Regionen: Während LebMur-Österreich mit ähnlichen Raten wie die Gruppe der europäischen ländlich industriellen Randgebiete wuchs, konnte die Region Pohjois-Pohjanmaa dieser Gruppe gegenüber seinen Niveauvorsprung stark ausbauen. Am schwächsten von den betrachteten finnischen Regionen wuchs das an Russland grenzende Etelä-Karjala, wobei jedoch festzuhalten ist, dass diese Region ihrem eigenen Regionstypus (den Industriegebieten) gegenüber schon ein überdurchschnittliches Bruttoregionalprodukt pro Kopf aufweist. In der folgenden Abbildung verdeutlicht die y-Achse das durchschnittliche mittelfristige Wachstum der betrachteten Regionen, die x-Achse das jeweilige Niveau der Pro-Kopf-Produkte jeweils in den Jahren 1995 und 2002. Die Länge der Pfeile gibt den Aufholprozess in absoluten Werten wieder.

Abbildung 23:   Aufholprozess der Regionen: Niveau versus Dynamik

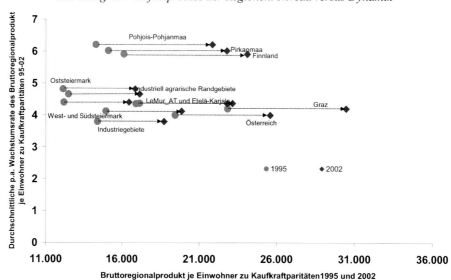

Quelle: Eurostat (2005), eigene Berechnungen JR-InTeReg.

2.3   REGIONALE SPEZIALISIERUNG - CENTERS OF EXPERTISE

Das finnische „Center of Expertise Programme" ist ein national gesteuertes Programm für den Zeitraum 1999-2006, das im Einklang mit dem Gesetz für regionale Entwicklung die Bündelung lokaler, regionaler und nationaler Ressourcen im Bereich der hochrangigen Expertise anstrebt. Unterstützt werden regionale Stärken und Spezialisierungen sowie die Kooperation zwischen verschiedenen regionalen Expertise-Zentren. Dabei konzentriert sich das Programm auf die Benutzung regionaler Expertise in ausgewählten, international wettbewerbsfähigen Feldern und auf den weiteren Ausbau von Unternehmensaktivitäten in diesen Bereichen. Angestrebt wird in diesem Programm also die Diversifizierung wirtschaftlicher Aktivität (bei gleichzeitiger Sicherstellung von Größen „kritischer" Massen durch Fokussierung auf bereits bestehende Stärkefelder) – damit wird versucht, die Regionen auch für exogene Schocks weniger anfällig zu machen.

Die folgenden Tabellen geben einen Überblick über die in den Regionen vorhandenen regionalen Spezialisierungen bzw. Cluster. Mit dem – in Umsatzzahlen gemessen – relativ großen zweiten Cluster im Bereich des Maschinenbaus und der Automatisierungstechnik zeigt die Region Pirkanmaa doch eine deutlich weniger starke Konzentrationen auf die Wachstumsbranche IKT als Oulu. Innerhalb des IKT-Sektors wird jedoch die zunehmende Verdrängung kleinerer Betriebe durch große traditionsreiche Player als Problemfeld betrachtet, daher werden im Rahmen des Programms Maßnahmen zur Positionierung von Klein- und Mittelbetrieben in Nischen des IKT-Sektors forciert.

In Oulu wird die Diversifikation der High Tech-Branchen, unter dem Titel „Well-being" Industrie angestrebt, der den Fokus auf Medizin-, Bio- und Umwelttechnologien legt. Verglichen mit dem Umsatz des Sektors Informationsindustrie nimmt sich die Größe dieses Sektorenkonglomerates bescheiden aus, weist jedoch eine relativ hohe Beschäftigtenanzahl und damit eine relativ hohe Bedeutung für den Arbeitsmarkt der Region auf.

Das Center of Expertise in Lappeenranta, Etelä-Karjala fokussiert auf die Stellung der Region als Logistikdrehscheibe für den Handel mit Osteuropa und setzt den Ausbau der wirtschaftlichen Beziehungen und Kooperationen mit Russland weit oben auf die Tagesordnung. Im Gegensatz zu den beiden anderen Regionen finden sich in Etelä-Karjala eher die traditionellen Wirtschaftssektoren wie die Holzindustrie und Energiewirtschaft sowie der Metall- und Automatisierungscluster. Auch in diesen Sektoren wird jedoch eine Positionierung am oberen Ende der technologischen Leiter – Stichwort Umwelttechnologien und Werkstoffforschung Holz und Metall – als Ziel verfolgt. Vor dem Hintergrund dieser regionalen Spezialisierung ist wohl die Region Etelä-Karjala am ehesten mit der Steiermark (wenn auch ohne das Zentrum Graz mit dem Automotivcluster) vergleichbar.

Abbildung 24:   Spezialisierungsfelder der Region Tampere (Pirkanmaa) im Jahr 2003

	Umsatz in Mio. €	Exportanteile	Beschäftigte	Wachstum p.a.
Maschinenbau und Automatisierung	2.800	über 50 %	25.500	3–5 %
Informations- und Kommunikationstechnologien	3.900	60–70 %	10.000	30 %
Health technology	150	85 %	12.000	15 %
Mediendienstleistungen	950	5 %	5.500	25 %

Quelle: Center of Expertise Programme.

Abbildung 25:   Spezialisierungsfelder der Region Oulu (Pohjois-Pohjanmaa) im Jahr 2003

	Umsatz in Mio. €	Anzahl der Betriebe	Beschäftigte
Informationsindustrie	4.000	200	8.000
„Well-being"-Industrie	300	50	2.000

Quelle: Center of Expertise Programme.

Abbildung 26: Beispiele von Clustern und Netzwerken

Region/Center of Expertise	Cluster und Netzwerke	Centers of Expertise Programm 2003-2006	Spezielle Programme/zukünftige Agenden	Projekte/Inhalte	Wichtige Betriebe
Etelä-Karjala, Lappeenranta: Center of Expertise Süd-Ostfinnland	Holz- und Papiercluster, Vernetzung: Metall und Maschinenbau; Logistikcluster	Holz- und Papierindustrie, Logistik (insbesondere Handel EU-Russland); Netzwerk von High Tech-Metallkonstruktionen und Maschinenbau, Aufbau und Entwicklung der wirtschaftlichen Aktivitäten mit Russland	Kooperation mit Russland: "Northern Dimension Research Centre" (gegründet 2002, Lappeenranta University of Technology), Ziel: Entwicklung und Nutzung universitärer Expertise über die russische Wirtschaft, Kooperation zwischen den Hauptindustrien der Region: Energiewirtschaft, Umwelttechnologien, Telekommunikation, Logistik und Holzindustrie. Bereich Metall- und Maschinenbau: Vernetzungsaktivitäten.	Bereich Holzindustrie: "Zukunftsfabrik" in Lappeenranta größtes Laser-machining Zentrum in Finnland für die Forschung und die Holz- und Metallindustrie. Entwicklung neuer Laser Anwendungen außerhalb des traditionellen Metallsektors, z.B. Nutzung der Lasertechnologie beim Schneiden von Pappkarton.	
Pirkanmaa, Tampere: Tampere Convention Bureau	Informations- und Kommunikationstechnologien, Maschinenbau und Automationscluster, Medizintechnologie	Maschinenbau und Automation	Bereich Maschinenbau: Wachstum des Dienstleistungssektors, Miniaturisierungstechnologien, Popularisierung des e-business. Im IT-Bereich starke und wachsende Dominanz großer traditionsreicher Player, Verdrängung von KMU. In Zukunft potentielle Nischen für KMU in der Produktion von Spielen bzw. in der Anwendung neuer drahtloser IK-Technologien.	Bereich Maschinenbau: Automationstechnik, Mobile Hydraulik, Wasserhydraulik, Simulation, Materialmanagement, automatische flexible Produktion, embedded systems, Messsysteme für die Papierindustrie, Bereich IKT: Fokus in Tampere auf Design, Forschung und Produktentwicklung; Bereich neue Medien: "Media Club Incubator", Netzwerkdienste, Digitalisation von Kommunikation. EU-Projekte: "Georama", "MOBi2" und "AdMobi": Entwicklung von Mobilfunkinhalten für Touristen. Bereich Medizintechnologie: Biomaterialien und Verbandstechnologien, Gesundheitspflegeinformatik, Biotechnologie	Minerals, Timberjack, Kalmar Industries, Sandvik
Pohjois-Pohjanmaa, Oulu: Oulu Center of Expertise	Telekommunikationscluster	Informationstechnologie: Telekommunikation, Elektronik, Software und Medien; "Well-being": Medizinische Technologie, Biotechnologie und Umwelttechnologien	Stärkung der internationalen Position als bedeutend(st)er Telekommunikationscluster, Diversifizierung der HighTech-Expertise; "Forum Work": Vereinigung von unternehmerischer Forschung mit Ausbildungsstätten als strategische Arbeitsmethode: Bis heute gibt es sieben derartige Foren: Telekommunikation (Mobile Forum), Elektronik (NCEM Forum), Software (Software Forum), Content and Media (Media Forum), Medizintechnologie (Wellness Forum), Biotechnologie (Bioforum) und Umwelttechnologie (Eco Forum).	"Octopus" (Entwicklung von mobilen Applikationen und Diensten), 4. Generation des Mobilfunks, "Global Software" Internationalisierung des Software Business, insbesondere US Märkte, "BioOulu" Kombination von Biotechnologie, Elektronik und IT: Mobile Systeme für Krankenhäuser; Umwelttechnologien: Wasseraufbereitung, Reinigungstechnologien für atmosphärische Emissionen, Wiederaufbereitung und Recycling von elektronischen Abfällen, erneuerbare Energiequellen....	Tamrock und Bronto Skylift

2.4   BEVÖLKERUNGS- UND BESCHÄFTIGUNGSENTWICKLUNG

Die Entwicklung des Pro-Kopf-Produktes ging nur in zwei der finnischen Regionen mit gestiegenen Einwohnerzahlen einher: Etelä-Karjala verzeichnete zwischen 1995 und 2002 Bevölkerungsrückgänge von etwa 2 %. Dies relativiert einen Teil des gestiegenen BRP pro Kopf. Demgegenüber weiteten die Regionen Pirkanmaa und Pohjois-Pohjanmaa ihr Regionalprodukt je Einwohner bei stark wachsender Bevölkerung aus (vergleiche *Abbildung 27*).

Ein differenzierteres Bild ergibt die Analyse der sektoralen Beschäftigungsdynamik: Gemein ist allen betrachteten Regionen die zunehmende Tertiärisierung und das gleichzeitige Sinken des Beschäftigtenanteils im Agrarsektor. Finnisch-österreichische Unterschiede gibt es jedoch im Beschäftigungswachstum des sekundären Sektors: Während die finnischen Regionen insgesamt in diesem Sektor eine Ausweitung erfuhren, ist der Beschäftigtenanteil Österreichs in diesem Sektor geschrumpft. Die am stärksten wachsenden betrachteten finnischen Regionen Pirkanmaa (+2 %) und Pohjois-Pohjanmaa (+4,3 %) konnten jedoch auch an Beschäftigung im tertiären Sektor stark zulegen (+2,6 % bzw. +2,3 %). Ob mit der Ausweitung der Beschäftigung gemessen in Köpfen auch tatsächlich Ausweitungen in den Arbeitsvolumina (gemessen in Personenstunden) erfolgten, ist anhand der verwendeten Datenquelle nicht zu eruieren.

Abbildung 27: Sektorale Beschäftigungsdynamik. Wachstumsrate p.a. 1995 - 2002

	Primärer Sektor	Sekundärer Sektor	Tertiärer Sektor	Gesamt
Graz-Umgebung	-3,1	-0,5	2,0	1,2
Pirkanmaa	-5,1	2,0	2,6	2,0
West- und Südsteiermark	-3,1	0,0	2,6	0,8
Etelä-Karjala	-3,8	-0,3	1,4	0,4
Oststeiermark	-3,3	1,2	2,6	1,0
Pohjois-Pohjanmaa	-1,6	4,3	3,2	3,0
LebMur_AT	-3,2	0,1	2,2	1,1
Finnland	-3,6	1,7	2,7	2,0
Österreich	-2,4	-0,9	2,0	0,9

Quelle: Eurostat (2005), eigene Berechnungen JR-InTeReg

Nach Branchen ausgewertet (hier sind nur mehr Zahlen für die Steiermark und auf jeweils nationaler Ebene – eingeschränkt – verfügbar[15]), zeigt sich, dass in Österreichs Sachgüterindustrie nur die Kunststoffbranche sowie die Sektoren Maschinenbau und Fahrzeugbau ihre Beschäftigung

---

[15] Die in dieser Studie verwendeten Zahlen stammen von der Eurostat-Datenbank und sind nicht immer mit jenen der nationalen Statistiken vergleichbar. Im vorliegenden Fall der Beschäftigungszahlen wird hier nach dem „Labour Force" Konzept vorgegangenen (Beschäftigung von mindestens einer Stunde in der Referenzwoche), während bei den in Österreich meist verwendeten Zahlen des HVSV und der Statistik Austria nach dem Lebensunterhaltskonzept nur jene Verhältnisse ab einer Wochenarbeitszeit von mindestens elf Stunden gezählt werden. Für die Steiermark liegen von InTeReg in halbjährlichen Abständen verfasste Beschäftigungsprognosen auf Basis der HVSV Daten vor – die darin angegebenen absoluten Zahlen entsprechen daher nicht den hier veröffentlichten.

ausweiteten, letzterer besonders stark. Auch das Baugewerbe verzeichnete in Österreich zwischen 1995 und 2002 ein Beschäftigungswachstum, wie auch Handel und Tourismus jeweils stärkere Ausweitungen. Insbesondere im Handel ist das Beschäftigungswachstum jedoch zu einem Großteil auf Teilzeitarbeitsplätze zurückzuführen. Die steirische längerfristige Beschäftigungsentwicklung ähnelt jener Österreichs, wenngleich hier wie auch in Finnland – ob des starken Wachstums im Fahrzeugbau von jährlich durchschnittlich +7,1 % – auch in der Sachgütererzeugung eine insgesamt positive Beschäftigungsentwicklung zu verzeichnen war.

Finnland wies in den NACE Unterabschnitten DH bis DN recht beachtliche Beschäftigungszuwächse, und damit in der Sachgütererzeugung insgesamt eine Ausweitung von +1,1 % auf. Das Wachstum der gesamten Wirtschaft regte auch die Bautätigkeit stark an und ergab ein Beschäftigungswachstum in diesem Sektor von über 7 %.

2.5   SEKTORALE BETRACHTUNG DER WERTSCHÖPFUNG

Im Jahr 1995 verzeichnete Finnland mit 25 % einen bedeutend höheren Anteil seiner Bruttowertschöpfung in der Sachgütererzeugung als Österreich mit 19,3 %. Während im EU-Schnitt diese Anteile bis ins Jahr 2002 auf etwa 19,5 % gesunken sind, konnte Österreich einen leichten Anstieg vorweisen, die finnische Sachgütererzeugung jedoch sogar von drei Prozentpunkten. In dieser Hinsicht entwickelten sich beide Länder im Gegensatz zum Durchschnitt der EU-15 bzw. EU-25, und entgegen der allgemeinen Erwartung, die einen Tertiärisierungsprozess in Bezug auf Wertschöpfung und Beschäftigung vermuten würde.

Jene Branchen der Sachgütererzeugung, die in Österreich ihre Wertschöpfungsanteile ausbauen konnten, sind mit Ausnahme der Metallerzeugung und –bearbeitung und Herstellung von Metallerzeugnissen vorwiegend solche, in denen in Österreich bis dato im EU-15-Vergleich geringere Wertschöpfungsanteile zu verzeichnen waren. Es sind dies vor allem der Fahrzeugbau (Anstieg des Wertschöpfungsanteils von 1 % auf 1,5 % der gesamten Bruttowertschöpfung) sowie die Elektrotechnik und Elektronik (von 2,4 % auf 2,7 %), in geringerem Ausmaß auch die Chemische Industrie und Kunststoffbranche. Die Vermutung liegt nahe, dass das anteilsmäßige österreichische Wertschöpfungswachstum dieser Sektoren nicht zuletzt auf die in diesem Zeitraum aktiv betriebenen Clustermaßnahmen zurückzuführen ist.

Die finnische Wertschöpfungsanteilsverschiebung innerhalb der Sachgütererzeugung ist weniger diversifiziert als die österreichische: Hier konnte nur die Branche Elektrotechnik/Elektronik[16] an Wertschöpfungsanteilen zulegen, und zwar von 3,2 auf 8,3 %. Dies ist zurückzuführen auf jährliche Wachstumsraten von über 19 % und, wie unschwer zu vermuten, hauptsächlich der erfolgreichen Entwicklung des Nokia-Konzerns und damit verbunden auch seiner finnischen Zulieferer zu verdanken.

---

[16]   Eigentlich: NACE–Unterabschnitt DL: Herstellung von Büromaschinen, Datenverarbeitungsgeräten und -einrichtungen; Elektrotechnik, Feinmechanik und Optik.

Abbildung 28: Veränderung   des   Anteils   der   Sachgütererzeugung   an   der   gesamten
Bruttowertschöpfung.

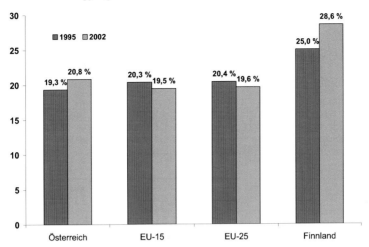

Quelle: Eurostat (2005), eigene Berechnung JR-InTeReg.

In *Abbildung 29* sind die österreichischen und finnischen Differenzen zum Wachstum der Bruttowertschöpfung des jeweiligen Sektors in den EU-15 angegeben. Das oben beschriebene Bild des atypischen Strukturwandels mit zunehmender Industrialisierung zeigt sich auch in dieser Graphik: Über fast alle Branchen des sekundären Sektors hinweg verzeichneten sowohl Finnland als auch Österreich den EU-15 gegenüber überdurchschnittliche Wachstumsraten, in den Dienstleistungs-bereichen zeigten beide Länder nur (unter-)durchschnittliche Entwicklungen. Leicht überdurchschnittlich war das Wachstum des *Handels und Reparaturgewerbes* in beiden Ländern, in Österreich auch jenes des *Tourismus* (welcher im Europavergleich für Österreich ja eine bedeutende Rolle spielt, trotzdem jedoch seit 1995 leicht an Wertschöpfungsanteilen verlor). Mit deutlich geringeren Raten als im Europavergleich wuchsen in beiden Ländern *Verkehr und Nachrichtenübermittlung, Kredit- und Versicherungsgewerbe*, das *Gesundheits- und Sozialwesen* sowie die *Erbringung von sonstigen öffentlichen und persönlichen Dienstleistungen.* Auffallend ist weiters die im Europavergleich geringe Bedeutung des *Grundstück- und Wohnungswesens* (gemessen an der sektoralen Bruttowertschöpfung) für beide Länder (etwa 15 % versus knapp 21 % in den EU-15).

Abbildung 29: Sektorale Wachstumsdifferenzen Österreichs und Finnlands zu den EU-15

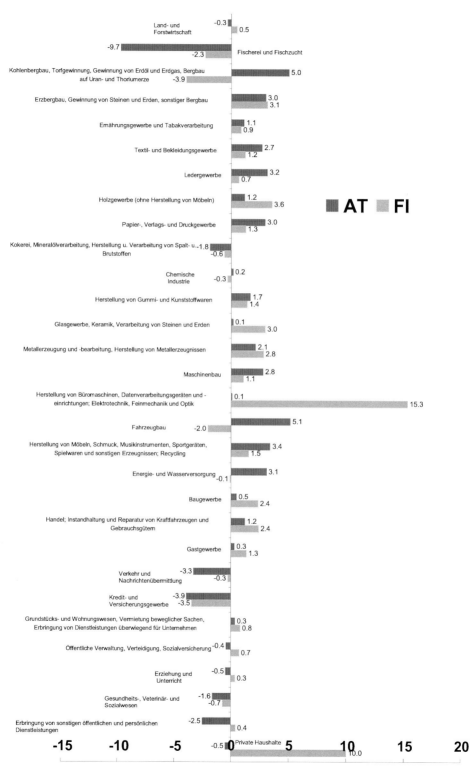

Wachstumsdifferenz zu den EU-15 in Prozentpunkten

2.6   REGIONALE INNOVATION UND TECHNOLOGISCHER WANDEL

Die vielzitierten höheren F&E-Quoten Finnlands lassen sich für alle drei der hier betrachteten finnischen (NUTS 2) Regionen feststellen. Es ist jedoch nicht die Hauptstadtregion Etelä-Suomi, welche die höchsten Raten an F&E Personal beziehungsweise an Ausgaben für F&E aufweist, sondern die Region Pohjois-Suomi mit dem Zentrum Oulu. Die Steiermark steht den finnischen Regionen zwar bei den im F&E Bereich Beschäftigten (2,3 % der Gesamtbeschäftigung), nicht jedoch bei den (innerbetrieblichen) Ausgaben für F&E nach.

Abbildung 30: F&E-Personal in Prozent aller Beschäftigten versus innerbetriebliche Ausgaben für F&E in Prozent des BIP bzw. BRP in den jeweiligen Regionen im Jahr 2002

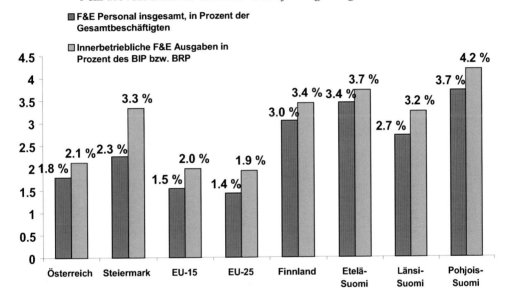

Quelle: Eurostat, Regionalstatistiken (2006.)

Ein höherer Anteil der steirischen Forschungsausgaben (ein Prozent des BRP) geht vom Hochschulsektor aus, in den drei finnischen Regionen beträgt dieser Wert zwischen 0,6 % und 0,8 %. Dafür gehen in den finnischen Regionen wie auch im Finnland-Schnitt deutlich höhere Anteile an den F&E Ausgaben auf den staatlichen Sektor zurück.

Für die frühen 90er Jahre liegt eine Studie von Schienstock (1999) vor, die sich mit der regionalen Wettbewerbsfähigkeit (gemessen an (firmen)subjektiven[17] wie objektiven[18] unternehmerischen Innovationsindikatoren) acht europäischer Regionen, darunter Tampere und der Steiermark, vertreten durch etwa 140 bzw. über 100 Unternehmen, beschäftigt. Basierend auf der subjektiven Einschätzung

---

[17] Von Firmen getroffene Annahme über eigene Wettbewerbsvorteile sowie deren Strategien, diese Wettbewerbsvorteile zu halten.

[18] F&E-Intensität, F&E-Personal, Wachstum der F&E-Ausgaben, neue Produkt- und Prozesstechnologien, neue Organisations- und Managementformen, Qualifikation der Arbeitskräfte, Kooperationen

der befragten Unternehmen wurden vier Cluster von Unternehmenstypen gebildet: Innovatoren, starke und schwache Konkurrenten sowie Händler. Ein Fünftel der befragten steirischen Unternehmen wurde zur Gruppe der Innovatoren gezählt, dagegen nur etwa 14 % der Unternehmen aus Tampere. Umgekehrt wurden basierend auf deren Eigeneinschätzung nur 6 % der steirischen, jedoch 27 % der tamperischen Firmen als schwache Konkurrenten eingestuft. Unterschiede gibt es in den von den Firmen verfolgten Strategien und Maßnahmen zur Erhaltung wettbewerblicher Stärken: Die tamperischen Firmen sehen am öftesten von allen untersuchten Regionen die Fähigkeiten und das Wissen der Arbeitskräfte als wichtiges Moment (85 %), (auch in der Steiermark liegt dieser Aspekt an vorderster Stelle, jedoch hier nur bei 70%). In beiden Regionen wird interne F&E als wichtig angesehen (66 % bzw. 51 %), doch während in weiterer Folge in Tampere Marketing (66 %) angeführt wird, wird in der Steiermark die enge Kooperation mit anderen Firmen genannt (46 %). Zum Thema Humankapital ist zu bemerken, dass die befragten steirischen Firmen im Vergleich zu den Firmen der anderen Regionen den jeweils höchsten Qualifikationsgrad der Arbeitskräfte aufweisen. Bezüglich Informationsquellen und Partner im Innovationsprozess ergab die Studie eine stärkere Einbindung von Zuliefer-Betrieben neben den Kunden-Betrieben in den Innovationsprozess steirischer Firmen, während in Tampere ein deutlicher Fokus auf Kundenfirmen liegt. Als weitere Partner im Innovationsprozess gaben die steirischen Firmen auch stärker als die Firmen Tamperes Universitäten und andere Bildungseinrichtungen, Vertrags-F&E-Einrichtungen und Berater an.

In einer Studie unter fünf finnischen Universitäten, dabei auch die Universität Lapeenranta untersuchen Saarivirta/Consoli (2005) die regionale Mobilität finnischer Studierender und kommen zum Ergebnis, dass, obschon die jeweiligen Universitäten den höchsten Anteil an nativen Studierenden verzeichnen, im späteren Erwerbsleben – besonders vor dem Hintergrund hoher regionaler Arbeitslosenraten und attraktiverer Löhne und Karrieremöglichkeiten im südlichen Dreieck – eine Abwanderung der Graduierten dorthin stattfindet.

Abbildung 31: Verteilung der absoluten Ausgaben für F&E nach Sektoren in Mio. Euro 2002

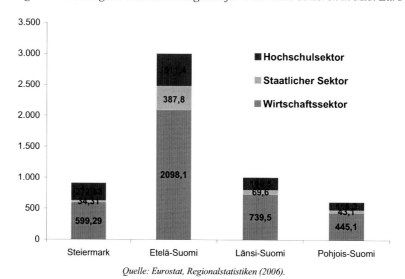

Quelle: Eurostat, Regionalstatistiken (2006).

2.7   WANDEL DES TECHNOLOGISCHEN GRADES IN DER SACHGÜTERERZEUGUNG

Die hier vorgenommene Einteilung basiert auf der NACE-Klassifikation, das heißt, gesamte Abteilungen der Sachgütererzeugung werden einem technologischen Grad zugeordnet. Bei diesem Vergleich wird unterstellt, dass keine regionsspezifischen Unterschiede bzw. auch keine Unterschiede innerhalb weniger aggregierter Gruppen der Sachgüterbranchen im technologischen Grad der Sachgüterabteilungen auftauchen – eine Annahme die wohl in vielen Fällen schnell zu Fall gebracht werden kann. Die folgenden Aussagen sind daher unter genau dieser Einschränkung zu verstehen.

Gemeinsam ist allen hier betrachteten Regionen die (mehr oder weniger starke) Erhöhung des technologischen Grades, gemessen am Beschäftigungsanteil klassifizierter Branchen. Auffällig ist der rapide Wandel des technologischen Grades der Sachgütererzeugung der Region Pohjois-Suomi: In dieser sank zwischen 1995 und 2002 der Beschäftigtenanteil der Low Tech-Branchen um sieben Prozentpunkte, während der Anteil der High Tech-Branchen um drei Prozentpunkte zunahm. Auch die anderen finnischen Regionen wie auch der Österreich-Durchschnitt verzeichneten deutlich sinkende Beschäftigtenanteile in Low Tech-Branchen, für die Steiermark konnte dieser deutliche Rückgang nicht festgestellt werden, hier fand eine relative Beschäftigungsausweitung vor allem im Medium High Tech-Segment statt (zurückzuführen in erster Linie auf den Fahrzeugbau, sowie die chemische Industrie und den Maschinenbau, vergleiche Abbildung 32). Diese relativen Beschäfigungszuwächse im Medium High Tech Segment, und damit das technologische Upgrade der steirischen Sachgütererzeugung ging weniger (wie in den finnischen Regionen) zulasten des Anteils an Beschäftigung in den Low Tech-Branchen, sondern vielmehr auf Kosten der Medium Low Tech-Branchen (Beschäftigungsstagnation in den Metallbranchen).

Abbildung 32: Veränderung des technologischen Grades19 der Sachgüterproduktion: 1995 und 2002, gemessen am Beschäftigungsanteil

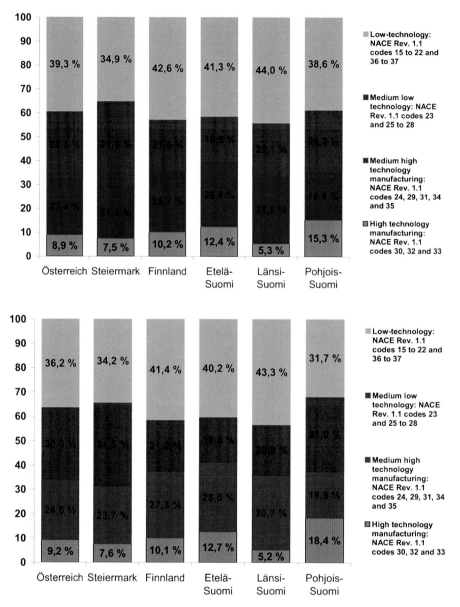

Quelle: Eurostat, Regionalstatistiken (2006).

---

[19] Low Tech: Lebensmittel- und Tabakindustrie, Textil- und Bekleidungsindustrie inkl. Ledererzeugung und Verarbeitung, Be- und Verarbeitung von Holz (ohne Herst. von Möbeln), Papierindustrie, Verlagswesen und Druckerei. Medium Low Tech: Kokerei und Mineralölverarbeitung, Kunststoffindustrie, Glas und Steine, Metallerzeugung- und -verarbeitung, Herstellung von Metallerzeugnissen. Medium High Tech: Chemische Industrie, Maschinenbau, Herst. von Geräten der Elektrizitätserzeugung und Verteilung, Fahrzeugbau. High Tech: Herstellung von Büromaschinen, Datenverarbeitungsgeräten und -einrichtungen, Rundfunk-, Fernseh- und Nachrichtentechnik, Medizin-, Mess-, Steuer- und Regelungstechnik.

2.8   PATENTE

Die Anzahl von regionalen Patentdaten per se ist für sich noch kein aussagekräftiger Indikator für die Innovationsstärke von Regionen, zu stark orientieren sich diese Größen an den Patentierungsstrategien einzelner Unternehmen bzw. Branchen, die allgemeine Aussagen stark verzerren können. In dieser Arbeit von Interesse ist jedoch die über den Indikator Patente zu treffende Aussage, in welchen thematischen Bereichen die betrachteten Regionen Konzentrationen aufweisen. Im zeitlichen Vergleich zeigt sich für alle Regionen eine Zunahme.

Abbildung 33: Anzahl der europäischen Patente je Million Einwohnern

	1995	2002
Österreich	95	184
Steiermark	94	205
Finnland	177	307
Etelä-Suomi	230	384
Länsi-Suomi	158	314
Pohjois-Suomi	159	223

Quelle: Eurostat, Regionalstatistiken (2006).

Aus der folgenden Abbildung geht – in Übereinstimmung mit den in den vorherigen Kapiteln schon getroffenen Aussagen – deutlich die finnische Konzentration auf den Forschungsbereich der Elektrotechnik hervor. Ganz besonders stark trifft dies die Region Pohjois-Suomi, welche im Jahr 1995 knapp 68 % aller Patente in diesem Bereich verzeichnete. Im Jahr 2002 verringerte sich dieser Anteil zugunsten der Sektion Physik, und zwar sukzessive im betrachteten Zeitraum. Innerhalb Finnlands weist Pohjois-Suomi jedoch die niedrigste Patentdichte auf. Auch die beiden anderen Regionen verzeichneten einen relativen Rückgang der Sektion Elektrotechnik zugunsten der Sektion Physik. Innerhalb der Sektion Physik wuchs in den finnischen Regionen die Patentdichte insbesondere im Bereich Datenverarbeitung, Rechnen und Zählen.

Die Steiermark verzeichnete eine ähnliche Verteilung der Patentdichte auf die einzelnen Sektoren wie Österreich, mit anfänglich etwas stärkerer Konzentration im Bereich Arbeitsverfahren und Transportieren, die jedoch bis 2002 tendenziell abnahm und zugunsten einer (jedoch stärker fluktuierenden) Dichte im Bereich der Elektrotechnik abnahm. In der Elektrotechnik stiegen insbesondere die Patente für grundlegende elektronische Bauteile sowie im Bereich der elektrischen Nachrichtentechnik, jene der Sektion Arbeitsverfahren und Transport sind stark über die Vielzahl an Themenbereichen gestreut, Konzentrationen (und Ausweitungen) gibt es im Bereich des Fahrzeugbaus und der Eisenbahnen sowie beim Fördern; Packen; Lagern und Handhaben dünner oder fadenförmiger Werkstoffe.

Abbildung 34: Verteilung der europäischen Patente nach Sektoren der Internationalen Patentklassifikation: 1995 und 2002

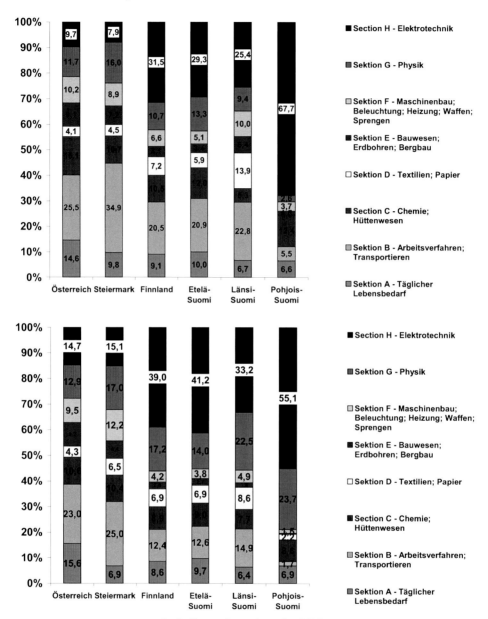

Quelle: Eurostat, Regionalstatistiken (2006).

3. Shift-Analyse des Wachstums der regionalen Bruttowertschöpfung

3.1 ODER: WOHER STAMMT DAS WACHSTUM DER FINNISCHEN REGIONEN?

Hier wird der Frage nachgegangen, in welchem Ausmaß das Wachstum der Regionen durch deren vorhandene Struktur (und damit durch die Konzentration auf Wachstumsbranchen) beeinflusst war und bis zu welchem Grad demgegenüber standorteigene, das heißt regionsspezifische Faktoren, die sich auch aus der Interaktion Branche-Region ergeben können, zu dieser Entwicklung beitrugen.

Als Methode zur Trennung der sektoralen von den regionalen Faktoren wird die in der Regionalökonomie vielfach verwendete Shift-Analyse herangezogen[20]. Der Natur der auf NUTS 3 Ebene verfügbaren Daten entsprechend – Sektoraggregation auf höchstem Niveau – würde die Aussagekraft deutlich beschränkt bleiben, weil Veränderungen innerhalb der drei Sektoren nicht erfasst werden. Aus diesem Grund wird im Folgenden die regionale Ebene verlassen und auf NUTS 2 bzw. sogar auf die nationale Ebene gewechselt.

Die Entwicklung der Wertschöpfung der NUTS 2-Regionen Steiermark, Etelä-Karjala, Länsi-Suomi und Pohjois-Suomi wird dabei jeweils in Bezug zu den restlichen Regionen der EU-15 gesetzt, bzw. in einem weiteren Schritt auch jeweils in Bezug zur eigenen Nation. Darüber hinaus werden auch die beiden Staaten Finnland und Österreich (für einen etwas längeren Zeitraum und auch auf detaillierter sektoraler Ebene) in Bezug zur Entwicklung der Bruttowertschöpfung der EU-15 gesetzt.

Exkurs zur Shift-Analyse[21]:

Hier wird versucht, das (fiktive) Wachstumsdifferential der Bruttowertschöpfung einer Region („Regionaleffekt") zu einer größeren Bezugsgruppe in zwei Komponenten zu zerlegen: einen Struktureffekt, der den regionsspezifischen Branchenbesatz widerspiegelt, und einen Standorteffekt.

Regionaleffekt = Struktureffekt + Standorteffekt

Der **Regionaleffekt** gibt an, ob sich eine Region A den anderen Regionen des betrachteten Wirtschaftsraumes gegenüber über- oder unterdurchschnittlich entwickelt hat. Er ist die Differenz zwischen der tatsächlichen Bruttowertschöpfung im letzten Jahr und der „erwarteten" Bruttowertschöpfung, die sich ergäbe, würde man das durchschnittliche Wachstum des gesamten Wirtschaftsraumes über alle Sektoren und Regionen auf die Ausgangsgröße der Region übertragen. Ein Regionaleffekt um Null zeugt von einem Regionalwachstum, das im Durchschnitt des Wirtschaftsraumes lag, positive Regionaleffekte von einer überdurchschnittlichen Entwicklung.

---

[20] Mayerhofer/Palme (2001) wenden die Shift-Share-Analyse auf den Wirtschaftsraum Südostösterreich an, Buser et al. (2003) auf die Regionen des Kanton Wallis.

[21] Eine formale Beschreibung der verwendeten Formeln ist im Anhang zu finden.

Der **Struktureffekt** gibt an, inwieweit das Wachstum der Bruttowertschöpfung einer Region auf deren Branchenstruktur zurückzuführen ist. Dabei wird unterstellt, dass eine Branche über alle Regionen hinweg mit derselben Rate wächst. Der Struktureffekt wäre gleich Null im theoretischen Fall, in welchem alle Branchen in der Bezugsregion (hier entweder die EU-15, EU-25, FI od. AT) gleiches Wachstum aufwiesen. In diesem Fall wären die regionalen Entwicklungen (rechnerisch) vom Branchenbesatz unabhängig, unterschiedliche gesamte regionale Wachstumsraten wären allein auf andere – regionsspezifische Faktoren (Standortfaktoren) zurückzuführen.

Der **Standorteffekt** ist das Residuum der beiden anderen Größen, und beinhaltet als derartige Restgröße regionsspezifische Einflussfaktoren wie auch solche, die sich aus der Interaktion Region und Branchen ergeben. Formal ist er die Differenz der gesamten regionalen Bruttowertschöpfung zum späteren Zeitpunkt, und der fiktiven Bruttowertschöpfung, die sich ergäbe, würden alle regionalen Sektoren mit der durchschnittlichen sektorspezifischen Rate wachsen. Dabei wird implizit unterstellt, dass die über- oder unterdurchschnittliche „Wettbewerbsfähigkeit" der Sektoren (ausgedrückt in deren Wachstumsraten) über alle betrachteten Regionen hinweg gleichermaßen gegeben ist. Aus diesem Grund wird dieser Effekt auch häufig als „Wettbewerbseffekt" bezeichnet.

3.2   ERGEBNISSE DER SHIFT-ANALYSE IN BEZUG ZU DEN EU-15:

Abbildung 35: Ergebnisse der Shift-Analyse je Einwohner in Bezug zu den EU-15

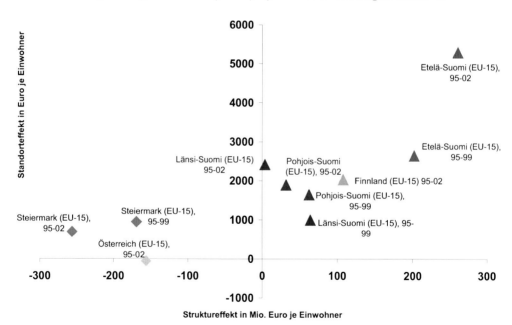

Quelle: Eurostat (2005), eigene Berechnungen JR-InTeReg

Abbildung 35 fasst die Ergebnisse der Shift-Analyse für die betrachteten Regionen je Einwohner zusammen, in *Tabelle 29*) im Anhang sind diese Ergebnisse zusätzlich noch in absoluten Größen tabellarisch dargestellt.

Die Analyse zeigt auf den ersten Blick, dass sowohl Finnland wie auch die meisten betrachteten Teilregionen Finnlands[22] im ersten Quadranten zu liegen kommen – also einen positiven Regionaleffekt – aufweisen und damit wie im ersten Teil auch schon beschrieben, überdurchschnittliche Wachstumsraten verzeichnen konnten. Dieser positive Regionaleffekt setzt sich jeweils aus einem kleineren positiven Struktureffekt und einem größeren positiven Standorteffekt zusammen: **Die finnischen Regionen (bzw. auch Finnland selbst) verdanken ihr überdurchschnittliches Wachstum zu einem kleineren Teil ihrer Konzentration auf (europäische) Wachstumsbranchen und zu einem größeren Teil regionsspezifischen (bzw. nationalen) Besonderheiten.** Im Europavergleich trifft dies auf alle betrachteten finnischen Regionen zu.

Zur Illustration: Die Bruttowertschöpfung je Einwohner Etelä-Suomis lag im Jahr 2002 um 5.500 (!) Euro über jenem Wert, der – ausgehend von der Höhe im Jahr 1995 - erwartet werden hätte können, wäre diese finnische Region mit der durchschnittlichen europäischen Wachstumsrate (über alle Sektoren) gewachsen. Von diesen 5.550 Euro „zusätzlicher" Wertschöpfung je Einwohner gehen nur 260 Euro auf den Besatz dieser Region mit europäischen Wachstumsbranchen zurück (unter der Annahme, dass auch die regionalen Branchen mit den durchschnittlichen sektoralen europäischen Wachstumsraten gewachsen wären). Der Großteil dieser zusätzlichen Wertschöpfung von 5.290 Euro je Einwohner kann nur als residuale Größe – wegen höheren Wachstums der Branchen in der Region – erklärt werden.

Die Steiermark war im europäischen Vergleich nicht auf überdurchschnittliche Wachstumsbranchen spezialisiert, konnte jedoch dank regionsspezifischer Standortfaktoren insgesamt ein überdurchschnittliches Wachstum verzeichnen.

Österreich wies im Zeitraum 1995-2002 sowohl gemessen an den EU-15 wie auch an den EU-25 ein leicht unterdurchschnittliches Wachstum, das heißt einen negativen Regionaleffekt, auf. Dieser minimale Effekt ist rechnerisch fast zur Gänze auf die Spezialisierung Österreichs in im europäischen Vergleich unterdurchschnittlich wachsenden Branchen zurückzuführen. Vor dem Hintergrund überdurchschnittlicher Wachstumsraten in den 70er Jahren ging dieses Phänomen als österreichisches „Struktur-Paradoxon" in die Literatur ein (siehe Peneder, 1999). Für diesen Zeitraum wurde vor allem auch der ökonomische Rückstand Österreichs und die damit verbundenen Catching-Up–Prozesse, verbunden mit einer erfolgreichen eigenständigen Makropolitik als Erklärung, herangezogen. Nach Ausschöpfung der Catching-Up Wachstumspotentiale flachten die Wachstumsraten in den 80er und 90er Jahren zwar auf durchschnittliches Niveau ab, vor dem Hintergrund des weiterhin geringen Besatzes der österreichischen Wirtschaft mit Wachstumsbranchen bleibt das Paradoxon jedoch aufrecht. Die österreichische Sachgüterproduktion ist auf Branchen mit mittlerem bis niedrigem Technologieniveau spezialisiert, innerhalb dieser Branchen konnten sich die Unternehmen jedoch behaupten, nicht zuletzt auch durch Ausnutzung der wirtschaftsgeographischen Lage Österreichs zu den dynamischen neuen Mitgliedsstaaten der EU (vgl. Peneder, 2001).

Auch die Steiermark verzeichnete in den 90er Jahren derartige Anpassungsprozesse, die überdurchschnittliches Wachstum trotz bestehender Defizite ermöglichten, es besteht jedoch die Gefahr, dass mit Ausschöpfung der catching-up-Entwicklung auch die Wachstumsperformance wieder

---

[22]   Nach Sektoren wird auf regionaler Ebene nach 16 NACE-Abschnitten analysiert, auf nationaler Ebene nach 30 NACE Unterabschnitten, wodurch impliziert ist, dass die durch die Analyse getätigten Aussagen bezüglich der Nationen höhere Aussagekraft aufweisen.

zurückgeht. Als Maßnahmenbündel zur Begleitung des (industriellen) regionalen Strukturwandels in der Steiermark schlagen Zakarias et al. (2003) folgende Punkte vor:

1. den Ausbau der Technologieführerschaft in Nischenbereichen des Maschinenbaus sowie der Werkstoff- und Zulieferindustrie;

2. die Verbreiterung der steirischen Technologieorientierung hin zu neuen Wachstumssektoren (wie IT, Technologien der Nachhaltigkeit, Life Sciences und Medizintechnik), bei Fortführung der Vernetzung von Unternehmen und Forschungseinrichtungen, innerhalb der nächsten zehn bis 15 Jahre.

3. regionsübergreifende Verankerung der Steiermark als Zulieferregion hochwertiger Produkte, bei

4. gleichzeitigem Fokus auf grenzüberschreitende Kooperationen zur Steigerungen der Wettbewerbsfähigkeit, das heißt die Ausnutzung von Möglichkeiten der Fragmentierung der Wertschöpfungskette,

5. die Verbreiterung der „Innovationsspitze" in den Klein- und Mittelbereich und

6. eine Nischenspezialisierung im traditionell kleinen Sektor der unternehmensnahen Dienstleistungen, um auch in diesem Bereich – trotz fehlender Ballungsvorteile – Wachstum zu schaffen.

3.3   ERGEBNISSE DER SHIFT-ANALYSE IN BEZUG ZUR JEWEILIGEN NATION

Abbildung 36: Ergebnisse der Shift-Analyse je Einwohner in Bezug zur jeweiligen Nation

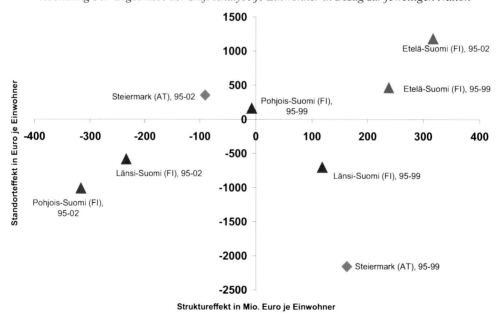

Quelle: Eurostat (2005), eigene Berechnungen JR-InTeReg.

Innerhalb Finnlands kann (von den analysierten Regionen) nur Etelä-Suomi positive Struktur- und Standorteffekte verzeichnen. Beide Größen wuchsen im verlängerten Zeitraum von 1999-2002 noch einmal stark. Wenn man sich vergegenwärtigt, dass die Hauptstadtregion Etelä-Suomi etwa 57 % der gesamten finnischen Bruttowertschöpfung und sogar 61 % jener des finnischen Dienstleistungssektors erwirtschaftet, ist es nicht verwunderlich, dass die anderen finnischen Regionen (auch wenn sie im Europavergleich jeweils überdurchschnittliche Werte zeigen) im nationalen Vergleich nicht mehr derart reüssieren können.

Mit dem noch stärkeren Wachstum Etelä-Suomis in der verlängerten Periode 1995-2002 fielen sowohl Pohjois-Suomi als auch Länsi-Suomi beide noch einmal gegenüber dem nationalen Durchschnitt zurück (negativer Regionaleffekt!). Im Zeitraum von 1995-1999 konnte Pohjois-Suomi Wertschöpfungszuwächse erzielen, die ziemlich genau im finnischen Durchschnitt lagen (gegenüber dem finnischen Durchschnitt konnte weder durch vorteilhafte Standortfaktoren[23] noch durch vorteilhafte Strukturen zusätzliches Wachstum generiert werden.) In der zweiten Hälfte des Zeitraums von 1995-2002 jedoch erfolgte ein (relativer) Wachstumseinbruch Pohjois-Suomis (auch zu sehen in Relation zu den EU-15), der der Region insgesamt im Vergleich zur Nation einen negativen Regionaleffekt von -1.300 Euro je Einwohner bescherte.

Länsi-Suomi hingegen, das die dynamische Region Pirkanmaa mit dem Zentrum Tampere enthält, wies zwischen 1995 und 1999 trotz leicht vorteilhaftem Branchenbesatz einen negativen Standorteffekt, und damit auch insgesamt ein geringeres „theoretisches" Wachstum auf (wäre es mit der durchschnittlichen finnischen Rate über alle Branchen gewachsen). Analysiert man hingegen den längeren Zeitraum zwischen 1995 und 2002, zeigt es gegenüber dem Finnland–Schnitt auch negative Struktur- und Standorteffekte.

Exkurs zur Nuts 3-(Teil-) Region Etelä-Karjala

Bezogen auf die Einwohnerzahl zeigt die Shift-Analyse der finnischen Regionen, dass Etelä-Suomi unter den betrachteten Regionen die höchsten Wachstumsabweichungen vom „erwarteten" Wachstum (Regionaleffekt) zeigt, während die in dieser Arbeit betrachtete Teilregion Etelä-Karjala – wie oben im ersten Teil beschrieben – sich im Vergleich bezogen auf das Wachstum des Bruttoregionalprodukts, der Beschäftigung und der Einwohnerzahl weniger dynamisch entwickelte. Die NUTS 2-Region Etelä-Suomi ist jedoch, wie ein Blick auf *Abbildung 17* zeigt, die finnische Hauptstadtregion und mit den an der Südküste liegenden kleineren Agglomerationen und der Stadt Turku im Westen durch einen relativ hohen Verstädterungsgrad gekennzeichnet – dementsprechend hoch ist auch die Wachstumsdynamik und insbesondere das standortspezifische Wachstum – im europäischen Vergleich jedoch stärker als im finnischen. Etelä-Karjala hingegen nahm an diesem Wachstum weniger teil. An dieser Stelle sei auf die Ergebnisse der Clusteranalyse hingewiesen, aus denen das geringere Wachstum des Regionstypus „Industriegebiete" im Europavergleich hervorgeht.

Ein Blick auf die Entwicklung der Steiermark und Österreichs anhand derselben Analysemethode zeigt ein differenziertes Bild: Zwischen 1995 und 1999 verzeichnete die Steiermark ein geringeres Wachstum, als zu erwarten gewesen wäre, wäre sie mit der durchschnittlichen österreichischen Rate gewachsen. Dies ist zum Großteil auf regionsspezifische Standortfaktoren zurückführen, der stärkere

---

[23] Der positive Standorteffekt von 164 Euro je Einwohner über den Zeitraum von vier Jahren ist hier vernachlässigbar gering.

absolute Beitrag von überdurchschnittlich wachsenden Branchen gegenüber unterdurchschnittlich wachsenden Branchen konnte den negativen Standorteffekt nicht kompensieren. Im verlängerten Zeitraum zwischen 1995 und 2002 weist die Steiermark einen positiven Regionaleffekt (und damit überdurchschnittliches Wachstum) auf, in diesem Fall konnten standortspezifische Faktoren die an sich unvorteilhaftere Branchenstruktur kompensieren.

Zusammenfassend lassen sich die folgenden Einsichten aus der Analyse der Strukturdaten und der Shift-Analyse gewinnen:

- Das hohe Wachstum Finnlands kann zwar auch auf das Vorhandensein (europäischer) Wachstumsbranchen in Finnland zurückgeführt werden – jedoch nur zu einem geringen Teil. Es ist sehr viel mehr "made in Finland" und, wie im ersten Teil schon gezeigt, zum Gutteil der positiven Entwicklung des industriellen Sektors und hier insbesondere der Elektrotechnik/Elektronikbranche (Stichwort: NOKIA) zu verdanken.

- Deutlich wird aus der Shift-Analyse die Dynamik des finnischen südlichen Zentrums Etelä-Suomi, die die an sich im Europavergleich recht positive Entwicklung der anderen betrachteten finnischen Regionen im Vergleich auf nationaler Ebene in den Schatten stellt: Bei einer Abdeckung von etwa 60 % der finnischen Bruttowertschöpfung durch diese Region und gleichzeitiger recht vorteilhafter Entwicklung finden sich die anderen Regionen im nationalen Vergleich mit recht hohen Wahrscheinlichkeiten auf der unterdurchschnittlichen Wachstumsseite. Die Shift-Analyse zeigt genau dieses Phänomen negativer Struktur- und Standorteffekte der Regionen Pohjois-Suomi und Länsi-Suomi im nationalen Vergleich.

- Österreich, das ähnlich wie Finnland (wenn auch nur bezogen auf die Wertschöpfung, weniger auf die Beschäftigung) im betrachteten Zeitraum eher einen Industrialisierungs- denn Tertiärisierungsprozess beschritt, konnte demgegenüber nur ein unterdurchschnittliches Wachstum verzeichnen, das nach der verwendeten Methode fast vollständig auf den unterdurchschnittlichen Besatz mit (europäischen) Wachstumsbranchen zurückzuführen ist.

- Auch die Steiermark ist im europäischen Vergleich nicht auf überdurchschnittliche Wachstumsbranchen spezialisiert, konnte jedoch dank regionsspezifischer Standortfaktoren insgesamt ein überdurchschnittliches Wachstum verzeichnen. Wie auch für Finnland gilt hier, dass die standortspezifische Interaktion zwischen bestimmten Branchen und der Region (in erster Linie der Fahrzeugbau, jedoch auch die Branchen der Elektrotechnik und Elektronik sowie die Kunststoff- und Metallsektoren) ein überdurchschnittliches Wachstum bedingten.

4. Anhang

4.1   TABELLEN

Tabelle 25: Durchschnittliche jährliche Wachstumsrate der Beschäftigung nach Sektoren 1995 –
2002

NACE		Österreich	Steiermark	Finnland
c	**Bergbau und Gewinnung von Steinen und Erden**	-1,5	-3,2	-0,4
ca	*Kohlenbergbau, Torfgewinnung, Gewinnung von Erdöl und Erdgas, Bergbau auf Uran- und Thoriumerze*	-7,5	nv.	2,9
cb	*Erzbergbau, Gewinnung von Steinen und Erden, sonstiger Bergbau*	0,2	nv.	-1,6
d	**Sachgütererzeugung**	-0,4	0,6	1,1
da	*Ernährungsgewerbe und Tabakverarbeitung*	-1,1	-1,2	-1,7
db	*Textil- und Bekleidungsgewerbe*	-4,4	-5,5	nv.
dc	*Ledergewerbe*	-2,6	1,2	-4,5
dd	*Holzgewerbe (ohne Herstellung von Möbeln)*	-0,9	-0,5	0,7
de	*Papier-, Verlags- und Druckgewerbe*	0,1	-1,8	-0,8
df	*Kokerei, Mineralölverarbeitung, Herstellung und Verarbeitung von Spalt- und Brutstoffen*	-2,4	nv.	-0,6
dg	*Chemische Industrie*	-0,8	2,7	nv.
dh	*Herstellung von Gummi- und Kunststoffwaren*	1,2	1,6	4,4
di	*Glasgewerbe, Keramik, Verarbeitung von Steinen und Erden*	-0,4	-0,1	2,8
dj	*Metallerzeugung und -bearbeitung, Herstellung von Metallerzeugnissen*	0,1	0,0	4,7
dk	*Maschinenbau*	1,1	1,3	1,9
dl	*Herstellung von Büromaschinen, Datenverarbeitungsgeräten und -einrichtungen; Elektrotechnik, Feinmechanik und Optik*	-0,9	2,6	3,9
dm	*Fahrzeugbau*	2,2	7,1	0,3
dn	*Herstellung von Möbeln, Schmuck, Musikinstrumenten, Sportgeräten, Spielwaren und sonstigen Erzeugnissen; Recycling*	-1,3	nv.	1,1
e	**Energie- und Wasserversorgung**	-2,3	-1,9	-2,7
f	**Baugewerbe**	0,8	2,0	7,1
g	**Handel; Instandhaltung und Reparatur von Kraftfahrzeugen und Gebrauchsgütern**	1,8	1,8	nv.
h	**Gastgewerbe**	2,2	3,7	nv.
i	**Verkehr und Nachrichtenübermittlung**	nv.	0,9	nv.
k	**Grundstücks- und Wohnungswesen, Vermietung beweglicher Sachen, Erbringung von Dienstleistungen überwiegend für Unternehmen**	nv.	9,1	nv.

Quelle: Eurostat (2005), eigene Berechnung JR-InTeReg.

Tabelle 26: Sektorale Bruttowertschöpfungsanteile 1995

NACE		Bezeichnung	Österreich	EU-15	EU-25	Finnland
a		**Land- und Forstwirtschaft**	2,7	2,6	2,7	4,4
b		**Fischerei und Fischzucht**	0,0	0,1	0,1	0,1
	ca	*Kohlenbergbau, Torfgewinnung, Gewinnung von Erdöl und Erdgas, Bergbau auf Uran- und Thoriumerze*	0,1	0,6	0,7	0,1
	cb	*Erzbergbau, Gewinnung von Steinen und Erden, sonstiger Bergbau*	0,3	0,2	0,2	0,2
c		**Bergbau**	0,4	0,8	0,9	0,4
d		**Sachgütererzeugung**	19,3	20,3	20,4	25,0
	da	*Ernährungsgewerbe und Tabakverarbeitung*	2,4	2,5	2,5	2,4
	db	*Textil- und Bekleidungsgewerbe*	0,9	1,0	1,1	0,6
	dc	*Ledergewerbe*	0,1	0,2	0,2	0,1
	dd	*Holzgewerbe (ohne Herstellung von Möbeln)*	1,0	0,5	0,5	1,3
	de	*Papier-, Verlags- und Druckgewerbe*	1,8	1,9	1,9	6,6
	df	*Kokerei, Mineralölverarbeitung, Herstellung und Verarbeitung von Spalt- und Brutstoffen*	0,4	0,3	0,4	0,3
	dg	*Chemische Industrie*	1,1	2,2	2,2	1,6
	dh	*Herstellung von Gummi- und Kunststoffwaren*	0,8	0,9	0,9	0,8
	di	*Glasgewerbe, Keramik, Verarbeitung von Steinen und Erden*	1,3	1,0	1,0	0,7
	dj	*Metallerzeugung und -bearbeitung, Herstellung von Metallerzeugnissen*	2,9	2,7	2,7	2,9
	dk	*Maschinenbau*	2,1	2,2	2,2	2,9
	dl	*Herstellung von Büromaschinen, Datenverarbeitungsgeräten und -einrichtungen; Elektrotechnik, Feinmechanik und Optik*	2,4	2,4	2,3	3,2
	dm	*Fahrzeugbau*	1,0	1,9	1,9	1,0
	dn	*Herstellung von Möbeln, Schmuck, Musikinstrumenten, Sportgeräten, Spielwaren und sonstigen Erzeugnissen; Recycling*	1,1	0,8	0,8	0,6
e		**Energie- und Wasserversorgung**	2,8	2,3	2,4	2,7
f		**Baugewerbe**	7,8	6,0	6,0	4,4
g		**Handel; Instandhaltung und Reparatur von Kraftfahrzeugen und Gebrauchsgütern**	13,0	11,6	11,7	10,0
h		**Gastgewerbe**	3,9	2,7	2,6	1,5
i		**Verkehr und Nachrichtenübermittlung**	7,4	6,8	6,8	9,6
j		**Kredit- und Versicherungsgewerbe**	6,1	5,2	5,1	4,1
k		**Grundstücks- und Wohnungswesen, Vermietung beweglicher Sachen, Erbringung von Dienstleistungen überwiegend für Unternehmen**	13,8	19,2	19,0	14,6
l		**Öffentliche Verwaltung, Verteidigung, Sozialversicherung**	6,8	7,0	7,0	5,4
m		**Erziehung und Unterricht**	5,6	4,9	4,9	5,3
n		**Gesundheits-, Veterinär- und Sozialwesen**	6,2	6,4	6,3	8,6
o		**Erbringung von sonstigen öffentlichen und persönlichen Dienstleistungen**	3,9	3,6	3,6	3,7
p		**Private Haushalte**	0,2	0,5	0,5	0,1

Quelle: Eurostat (2005), eigene Berechung JR-InTeReg.

Tabelle 27:   Sektorale Bruttowertschöpfungsanteile 2002

NACE	Bezeichnung	Österreich	EU-15	EU-25	Finnland
a	Land- und Forstwirtschaft	2,5	2,5	2,6	3,9
b	Fischerei und Fischzucht	0,0	0,1	0,1	0,1
ca	Kohlenbergbau, Torfgewinnung, Gewinnung von Erdöl und Erdgas, Bergbau auf Uran- und Thoriumerze	0,4	0,7	0,8	0,3
cb	Erzbergbau, Gewinnung von Steinen und Erden, sonstiger Bergbau	0,1	0,6	0,6	0,1
c	Bergbau	0,3	0,2	0,2	0,2
d	Sachgütererzeugung	20,8	19,5	19,6	28,6
da	Ernährungsgewerbe und Tabakverarbeitung	2,4	2,2	2,2	2,1
db	Textil- und Bekleidungsgewerbe	0,8	0,8	0,8	0,4
dc	Ledergewerbe	0,1	0,1	0,2	0,1
dd	Holzgewerbe (ohne Herstellung von Möbeln)	1,0	0,4	0,4	1,4
de	Papier-, Verlags- und Druckgewerbe	2,0	1,8	1,8	6,0
df	Kokerei, Mineralölverarbeitung, Herstellung und Verarbeitung von Spalt- und Brutstoffen	0,3	0,3	0,4	0,2
dg	Chemische Industrie	1,2	2,3	2,3	1,5
dh	Herstellung von Gummi- und Kunststoffwaren	0,9	0,9	0,9	0,8
di	Glasgewerbe, Keramik, Verarbeitung von Steinen und Erden	1,2	0,9	0,9	0,7
dj	Metallerzeugung und -bearbeitung, Herstellung von Metallerzeugnissen	3,1	2,4	2,5	2,9
dk	Maschinenbau	2,3	2,0	1,9	2,5
dl	Herstellung von Büromaschinen, Datenverarbeitungsgeräten und -einrichtungen; Elektrotechnik, Feinmechanik und Optik	2,7	2,6	2,6	8,4
dm	Fahrzeugbau	1,5	2,0	2,1	0,9
dn	Herstellung von Möbeln, Schmuck, Musikinstrumenten, Sportgeräten, Spielwaren und sonstigen Erzeugnissen; Recycling	1,2	0,7	0,7	0,6
e	Energie- und Wasserversorgung	3,5	2,3	2,4	2,5
f	Baugewerbe	7,2	5,3	5,3	4,2
g	Handel; Instandhaltung und Reparatur von Kraftfahrzeugen und Gebrauchsgütern	13,7	11,3	11,5	10,4
h	Gastgewerbe	3,8	2,5	2,5	1,5
i	Verkehr und Nachrichtenübermittlung	7,5	8,5	8,5	10,7
j	Kredit- und Versicherungsgewerbe	4,8	5,3	5,3	3,0
k	Grundstücks- und Wohnungswesen, Vermietung beweglicher Sachen, Erbringung von Dienstleistungen überwiegend für Unternehmen	15,3	20,7	20,4	15,0
l	Öffentliche Verwaltung, Verteidigung, Sozialversicherung	5,9	6,1	6,2	4,5
m	Erziehung und Unterricht	5,2	4,7	4,6	4,7
n	Gesundheits-, Veterinär- und Sozialwesen	5,8	6,6	6,5	7,7
o	Erbringung von sonstigen öffentlichen und persönlichen Dienstleistungen	3,3	3,7	3,6	3,5
p	Private Haushalte	0,2	0,5	0,5	0,2

Quelle: Eurostat (2005), eigene Berechnung JR-InTeReg.

Tabelle 28:   Durchschnittliche jährliche Wachstumsrate der sektoralen Bruttowertschöpfung 95-02

		Österreich	EU-15	EU-25	Finnland
a	**Land- und Forstwirtschaft**	1,4	1,7	1,7	2,2
b	**Fischerei und Fischzucht**	-9,9	-0,2	-0,1	-2,5
ca	*Kohlenbergbau, Torfgewinnung, Gewinnung von Erdöl und Erdgas, Bergbau auf Uran- und Thoriumerze*	5,9	0,9	0,3	-3,0
cb	*Erzbergbau, Gewinnung von Steinen und Erden, sonstiger Bergbau*	2,3	-0,7	0,3	2,4
da	*Ernährungsgewerbe und Tabakverarbeitung*	2,0	0,8	0,9	1,7
db	*Textil- und Bekleidungsgewerbe*	1,2	-1,5	-1,2	-0,3
dc	*Ledergewerbe*	0,7	-2,5	-2,2	-1,8
dd	*Holzgewerbe (ohne Herstellung von Möbeln)*	2,7	1,6	1,7	5,1
de	*Papier-, Verlags- und Druckgewerbe*	4,2	1,3	1,4	2,5
df	*Kokerei, Mineralölverarbeitung, Herstellung und Verarbeitung von Spalt- und Brutstoffen*	0,2	2,0	2,0	1,4
dg	*Chemische Industrie*	3,4	3,2	3,2	2,9
dh	*Herstellung von Gummi- und Kunststoffwaren*	4,1	2,4	2,6	3,8
di	*Glasgewerbe, Keramik, Verarbeitung von Steinen und Erden*	1,2	1,0	1,2	4,0
dj	*Metallerzeugung und -bearbeitung, Herstellung von Metallerzeugnissen*	3,3	1,2	1,3	4,0
dk	*Maschinenbau*	3,7	0,9	1,0	2,0
dl	*Herstellung von Büromaschinen, Datenverarbeitungsgeräten und -einrichtungen; Elektrotechnik, Feinmechanik und Optik*	4,1	4,0	4,3	19,3
dm	*Fahrzeugbau*	8,3	3,2	3,5	1,2
dn	*Herstellung von Möbeln, Schmuck, Musikinstrumenten, Sportgeräten, Spielwaren und sonstigen Erzeugnissen; Recycling*	4,5	1,1	1,2	2,6
e	**Energie- und Wasserversorgung**	5,6	2,6	2,5	2,4
f	**Baugewerbe**	1,0	0,6	0,5	2,9
g	**Handel; Instandhaltung und Reparatur von Kraftfahrzeugen und Gebrauchsgütern**	3,2	2,0	2,2	4,4
h	**Gastgewerbe**	2,1	1,8	1,8	3,1
i	**Verkehr und Nachrichtenübermittlung**	2,5	5,8	5,8	5,5
j	**Kredit- und Versicherungsgewerbe**	-1,0	3,0	3,0	-0,5
k	**Grundstücks- und Wohnungswesen, Vermietung beweglicher Sachen, Erbringung von Dienstleistungen überwiegend für Unternehmen**	3,9	3,6	3,6	4,4
l	**Öffentliche Verwaltung, Verteidigung, Sozialversicherung**	0,1	0,6	0,7	1,3
m	**Erziehung und Unterricht**	1,1	1,6	1,6	1,9
n	**Gesundheits-, Veterinär- und Sozialwesen**	1,3	3,0	2,9	2,2
o	**Erbringung von sonstigen öffentlichen und persönlichen Dienstleistungen**	0,1	2,7	2,6	3,0
p	**Private Haushalte**	1,6	2,2	2,2	12,2
q					
	Total	2,4	2,5	2,5	3,9

Quelle: Eurostat, eigene Berechnung JR-InTeReg.

Tabelle 29: Ergebnisse der Shift-Analyse:

Region Bezugsgruppe	Jahr (jew.	Absolut			Je Einwohner		
		Regional-faktor	Standort-effekt	Struktur-effekt	Regional-faktor	Standort-effekt	Struktur-effekt
Österreich (EU-15)	95-02	-215	-59	-156	-215	-59	-156
Finnland (EU-15)	95-02	2141	2033	108	2141	2033	108
Österreich (EU-25)	95-02	-287	-144	-143	-287	-144	-143
Finnland (EU-25)	95-02	2082	1966	116	2082	1966	116
Steiermark (AT)	95-02	264	354	-90	264	354	-90
Etelä-Suomi (FI)	95-02	1503	1186	317	1503	1186	317
Länsi-Suomi (FI)	95-02	-816	-582	-234	-816	-582	-234
Pohjois-Suomi (FI)	95-02	-1324	-1007	-317	-1324	-1007	-317
Steiermark (EU-15)	95-02	436	692	-257	436	692	-257
Etelä-Suomi (EU-15)	95-02	5556	5296	260	5556	5296	260
Länsi-Suomi (EU-15)	95-02	2423	2419	3	2423	2419	3
Pohjois-Suomi (EU-15)	95-02	1927	1896	32	1927	1896	32
Steiermark (AT)	95-99	-1991	-2154	163	-1991	-2154	163
Etelä-Suomi (FI)	95-99	707	469	238	707	469	238
Länsi-Suomi (FI)	95-99	-582	-701	118	-582	-701	118
Pohjois-Suomi (FI)	95-99	157	164	-7	157	164	-7
Steiermark (EU-15)	95-99	779	948	-169	779	948	-169
Etelä-Suomi (EU-15)	95-99	2853	2652	202	2853	2652	202
Länsi-Suomi (EU-15)	95-99	1060	996	64	1060	996	64
Pohjois-Suomi (EU-15)	95-99	1708	1646	62	1708	1646	62

Quelle: JR-InTeReg, basierend auf Eurostat (2005).

Tabelle 30:   Bevölkerungsentwicklung in den Regionen

	Graz-Umgebung	Pirkanmaa	West- und Südsteiermark	Etelä-Karjala	Oststeiermark
1995	356.624	435.794	185.196	139.926	256.065
1996	356.602	438.383	185.526	139.349	256.403
1997	356.519	440.822	185.865	138.961	256.782
1998	356.503	443.236	186.225	138.463	257.169
1999	356.543	445.722	186.581	137.728	257.533
2000	356.539	445.607	186.977	137.258	257.967
2001	357.238	448.896	187.723	137.083	258.880
2002	358.506	452.395	188.671	136.866	260.003
	Pohjois-Pohjanmaa	LebMur_AT	Finnland	Österreich	Pohjois-Pohjanmaa
1995	355.285	797.886	5.108.009	7.948.261	355.285
1996	357.603	798.530	5.124.999	7.959.012	357.603
1997	359.120	799.167	5.139.992	7.968.047	359.120
1998	360.205	799.897	5.153.000	7.976.775	360.205
1999	361.538	800.658	5.165.010	7.992.293	361.538
2000	363.858	801.482	5.176.003	8.011.569	363.858
2001	366.693	803.841	5.188.009	8.043.056	366.693
2002	369.029	807.180	5.201.002	8.083.810	369.029

Quelle: Eurostat (2005).

4.2   METHODE DER SHIFT-ANALYSE

Hier wird versucht, das Wachstumsdifferential der Bruttowertschöpfung einer Region zu einer größeren Bezugsgruppe in zwei Komponenten zu zerlegen: einen Struktureffekt, der den regionsspezifischen Branchenbesatz widerspiegelt, und einen Standorteffekt, der als Residuum definiert wird.

Regionaleffekt = Gesamteffekt

$$\rho_A = \sum_j BWS_{A,j,t_1} - \frac{\sum_j BWS_{GES,j,t_1}}{\sum_j BWS_{GES,j,t_0}} * \sum_j BWS_{A,j,t_0} = BWS_{A,t_1} - w_{GES} * BWS_{A,t_0}$$

wobei BWS = Bruttowertschöpfung

j = Sektor (NACE Abschnitte a-q für Regionen auf NUTS 2, bzw. zusätzliche NACE – Unterabschnitte für c-d (Bergbau und Sachgütererzeugung) für Vergleiche der Nationalstaaten mit den Ländern der EU.

A = Region (siehe räumliche Abgrenzung)

GES = jeweilige Bezugsgruppe (AT, FI, EU-15, EU-25)

w = Wachstumsrate der Bruttowertschöpfung zwischen den Zeitpunkten t_0 und t_1.

t_0 = 1995; t_1 = 1999 bzw. 2002 für Berechnung auf NUTS 2; 2002 für Berechnungen auf nationaler Ebene.

Der Regionaleffekt gibt an, ob sich eine Region A den anderen Regionen des betrachteten Wirtschaftsraumes gegenüber über- oder unterdurchschnittlich entwickelt hat.

Der Regionalfaktor ist die Differenz zwischen der tatsächlichen Bruttowertschöpfung im letzten Jahr und der „erwarteten" Bruttowertschöpfung die sich ergäbe, würde man das durchschnittliche Wachstum des gesamten Wirtschaftsraumes über alle Sektoren und Regionen auf die Ausganggröße der Region übertragen. Ein Regionaleffekt um Null zeugt von einem Regionalwachstum, das im Durchschnitt des Wirtschaftsraumes lag, positive Regionaleffekte von einer überdurchschnittlichen Entwicklung.

Dabei ist zu beachten, dass die hier angegebenen Einheiten absolute Größen darstellen. Um den interregionalen Vergleich zu vereinfachen werden die Faktoren im Anschluss als Pro-Kopf-Größen angegeben.

Ziel der Shift-Analyse ist es, die Entstehung des Regionalfaktors durch zwei Komponenten zu erklären: eine Strukturkomponente, die die jeweilige Branchenstruktur einer Region berücksichtigt, sowie eine Standort- oder Wettbewerbskomponente (die in manchen Arbeiten auch als Regionalfaktor, da regionsspezifisch bezeichnet). Bei der in dieser Arbeit verwendeten Formel erfolgt die Zerlegung in additiver Form.

$$\mu_A + \pi_A = \rho_A \quad \text{Struktureffekt + Standorteffekt = Regionaleffekt}$$

Struktureffekt

Der Struktureffekt gibt an, inwieweit das Wachstum der Bruttowertschöpfung einer Region auf deren Branchenstruktur zurückzuführen ist. Dabei wird unterstellt, dass eine Branche über alle Regionen hinweg mit derselben Rate wächst. Der Struktureffekt wäre gleich Null im theoretischen Fall, in welchem alle Branchen in der Bezugsregion (hier entweder die EU-15, EU-25, FI od. AT) gleiches Wachstum aufwiesen. In diesem Fall wären die regionalen Entwicklungen vom Branchenbesatz unabhängig, unterschiedliche gesamte regionale Wachstumsraten wären allein auf andere – regionsspezifische Faktoren (Standortfaktoren) zurückzuführen.

$$\mu_A = \sum_j \left(BWS_{A,j,t_0} * \left(\frac{BWS_{GES,j,t_1}}{BWS_{GES,j,t_0}} - \frac{BWS_{GES,t_1}}{BWS_{GES,t_0}} \right) \right) = \sum_j BWS_{A,j,t_0} * \left(w_{GES,j} - w_{GES} \right)$$

Der Struktureffekt ist umso höher, wenn die Region auf Sektoren "spezialisiert" ist, die in der Nation/der Bezugsgruppe verstärkt wachsen; Das Vorzeichen dieser Komponente hängt von der absoluten Größe der Sektoren ab: In dieser Formulierung wird der Struktureffekt negativ, wenn das (in absoluten Größen ausgedrückte) Wachstum seiner überdurchschnittlichen Branchen nicht durch das (wiederum in absoluten Größen ausgedrückte) Wachstum der unterdurchschnittlichen Branchen kompensiert werden kann.

Standorteffekt:

Der Standorteffekt ist das Residuum der beiden anderen Größen, und beinhaltet als derartige Restgröße regionsspezifische Einflussfaktoren, wie auch solche, die sich aus der Interaktion Region und Branchen ergeben. Formal ist er die Differenz der gesamten regionalen Bruttowertschöpfung zum späteren Zeitpunkt, und der fiktiven Bruttowertschöpfung, die sich ergäbe, würden alle regionalen Sektoren mit der durchschnittlichen sektorspezifischen Rate wachsen. Dabei wird implizit unterstellt, dass die über- oder unterdurchschnittliche „Wettbewerbsfähigkeit" der Sektoren (ausgedrückt in deren Wachstumsraten) über alle betrachteten Regionen hinweg gleichermaßen gegeben ist.

$$\pi_A = \sum_j BWS_{A,j,t_1} - \sum_j \frac{BWS_{A,j,t_0} * BWS_{GES,j,t_1}}{BWS_{GES,j,t_0}} = \sum_j BWS_{A,j,t_1} - \sum_j (BWS_{A,j,t_0} * w_{GES,j})$$

Bibliographie

Aumayr, Ch. (2006), *Eine Region im europäischen Vergleich*, Zukunftsszenarien für den Verdichtungsraum Graz Maribor, (LebMur), Teil A2, JOANNEUM RESEARCH-InTeReg, Working Paper Nr. 32.

Buser, B., Giuliani, G., Buchli S., Gsponer T., Rieder P. (2003), Shift Analyse für die Regionen des Kanton Wallis.

Center of Expertise Programme (2006), Centers of Expertise - Key to Efficient Cooperation, http://www.oske.net/, 3. April 2006.

Eurostat Datenbank (2006), Regionalstatistiken, http://epp.eurostat.cec.eu.int/portal/page?_pageid=1996,45323734&_dad=portal&_schema=PORTAL&screen=welcomeref&open=/&produc t=EU_general_statistics&depth=2&language=de, 10. April 2006.

ILO (2006), Laborsta Datenbank, http://laborsta.ilo.org/, 10. April 2006.

Kirschner E., Prettenthaler, F. (2006), *Ein Portrait der Region,* Zukunftsszenarien für den Verdichtungsraum Graz -Maribor (LebMur), Teil A1, JOANNEUM RESEARCH-InTeReg, Working Paper Nr. 33.

Palme, G. (1995a), Struktur und Entwicklung österreichischer Wirtschaftsregionen, in: *Mitteilungen der Österreichischen Geographischen Gesellschaft*, 137. JG (Jahresband), Wien 1995, 393-416.

Palme, G. (1995b), Divergenz regionaler Konvergenzclubs, in: *WIFO Monatsberichte*, 12/95, 769-781.

Palme, G., Mayerhofer P. (2001), *Strukturpolitik und Raumplanung in den Regionen an der mitteleuropäischen EU-Außengrenze zur Vorbereitung auf die EU-Osterweiterung.* Teil 6/1: Sachgüterproduktion und Dienstleistungen: Sektorale Wettbwerbsfähigkeit und regionale Integrationsfolgen.

Peneder, M. (1999), *The Austrian Paradox: „Old" Structures, but High Performance?*, Austrian Economic Quaterly, 4/1999, S.239-247.

Peneder, M. (2001), Eine Neubetrachtung des "Österreich-Paradoxon", in: *WIFO Monatsberichte*, 12/2001, S. 737-748.

Saarivirta, T., Consoli D. (2005), Innovation Systems and the Spatial Mobility of University Graduates: An empirical case study for Finland, Paper presented at the DRUID Tenth Anniversary Summer Conference 2005 on Dynamics of industry and innovation: organizations, networks and systems, Copenhagen, Denmark, June 27-29, 2005, http://www.druid.dk/conferences/summer2005/papers/ds2005-497.pdf.

Schienstock, G. (1999), Regional competitiveness. A comparative study of eight European regions, Paper presented at the Danish Research Unit for Industrial Dynamics (DRUID) Summer Conference on National Innovation Systems, Industrial Dynamics and Innovation Policy, Rebild, , June 9 – 12, 1999., http://www.druid.dk/conferences/summer1999/conf-papers/schienstock.pdf.

Zakarias, G., Gruber M., Kurzmann R., Ploder M., Pohn-Weidinger S. (2003), *„Industrie in der Steiermark"*, Zukunft Industrie.

HYPOTHESEN ZUR KÜNFTIGEN ENTWICKLUNG

Christine Aumayr

JOANNEUM RESEARCH, Institut für Technologie-
und Regionalpolitik

Elisabethstraße 20, 8010 Graz

e-mail: christine.aumayr@joanneum.at

Tel: +43-316-876/1471

Eric Kirschner

JOANNEUM RESEARCH, Institut für Technologie-
und Regionalpolitik

Elisabethstraße 20, 8010 Graz

e-mail: eric.kirschner@joanneum.at,

Tel: +43-316-876/1448

Abstract:

Auf Basis verfügbarer Prognosen bis 2030 kann von einem demographischen Konzentrationsprozess von jüngerer Bevölkerung im erwerbsfähigen Alter in den städtischen und regionalen Zentren ausgegangen werden.

In allen Regionstypen ist ein hohes Wachstum der älteren Bevölkerung festzustellen, der Südosten Österreichs ist tendenziell schwächer betroffen – der Verdichtungsraum Graz-Maribor bleibt vergleichsweise jung. In Bezug auf Partizipationsraten weisen die österreichischen LebMur-Regionen anfänglich vergleichsweise niedrige Werte auf, es kommt jedoch tendenziell zu einer Angleichung dieser Raten. Damit „gewinnt" die österreichische Region in zweifacher Hinsicht: Durch die „relative Verjüngung" steht potentiell mehr Arbeitskräfteangebot als in anderen Regionen zur Verfügung, eine höhere Teilnahmerate bedeutet eine bessere Ausnützung dieses Potentiales im Vergleich zu heute. Es kann von einer relativ geringen Tertiärisierung der Beschäftigung im steirischen Teil des grenzüberschreitenden *Verdichtungsraums Graz-Maribor* ausgegangen werden.

In Hinblick auf die Beschäftigungsstruktur bleibt der steirische Teil des Verdichtungsraums Graz-Maribor damit INDUSTRIELL GEPRÄGT, der Grazer Status als „industrielles" Zentrum manifestiert sich.

Keywords: Bevölkerungsprognose, Beschäftigungsprognose, demographische Entwicklung, Hypothesen zur zukünftigen Entwicklung.

JEL Classification: J11, R11.

Inhaltsverzeichnis Teil A4

Abbildungs- und Tabellenverzeichnis Teil A4

Kurzfassung

Ziel dieser Arbeit ist die Formulierung von Hypothesen bezüglich der künftigen Entwicklung des *Verdichtungsraums Graz-Maribor*. Diese Hypothesen dienen u.a. als Grundlage für die Formulierung möglicher Szenarien für den Untersuchungsraum. Als Ausgangspunkt dienen Datenanalysen vorhandener statistischer österreichischer Regionalprognosen bis ins Jahr 2030. Diese wurden nach den mittels Clusteranalyse identifizierten österreichischen Regionstypen aggregiert und so der Versuch unternommen, ein clustertypus- und regionsspezifisches Bild der zukünftigen Entwicklung zu generieren. Betrachtet wurden sektorale Beschäftigungsprognosen und demographische Projektionen. Da für Slowenien keine regionalen Prognosen vorhanden sind, werden die Analysen anhand nationaler Prognosen erstellt.

Zusammenfassend ergeben sich für den *Verdichtungsraum Graz-Maribor* folgende Hypothesen:

> **Hypothese 1: Die österreichischen Regionen des Verdichtungsraums Graz-Maribor bleiben im Hinblick auf die Beschäftigungsstruktur industriell geprägt.**

DIE ÖSTERREICHISCHEN LEBMUR-REGIONEN BLEIBEN im Hinblick auf die Beschäftigungsstruktur INDUSTRIELL GEPRÄGT: Österreichweit wird die Beschäftigung im produzierenden Bereich – je nach regionaler Spezialisierung – im Durchschnitt um etwa 11 % zwischen 2002 und 2025 zurückgehen, und zwar in fast allen Regionstypen: Nur die beiden *Agrarischen Randgebiete* und die *Intensiven Tourismusgebiete* bauen weiter Beschäftigung auf. In der Region LebMur hingegen wird mit einem Beschäftigungswachstum von 9 % in der Oststeiermark und einem unterdurchschnittlichen Rückgang von 10 % in Graz auch weiterhin in Relation zu den anderen Regionen eine industrielle Prägung gegeben sein.

> **Hypothese 2: Geringere Tertiärisierung der Beschäftigung in LebMur-Steiermark, da Graz keine „stadttypischen" Ausweitungen im Dienstleistungssektor verzeichnen wird.**

GERINGERE TERTIÄRISIERUNG DER BESCHÄFTIGUNG IN LEBMUR-ÖSTERREICH, DA GRAZ KEINE „STADTTYPISCHEN" AUSWEITUNGEN VERZEICHNEN WIRD: Die Beschäftigungsausweitungen im Dienstleistungssektor sind nur in den nicht-urbanen Regionen überdurchschnittlich: Graz weitet im Vergleich zu allen österreichischen Regionen nur „durchschnittlich" aus und kann das hohe Wachstum der anderen regionalen Zentren nicht erreichen.

Im Europavergleich weist Graz eine äußerst niedrige „Produktivität" (Bruttowertschöpfung je Beschäftigten) im Dienstleistungssektor im Vergleich zu anderen europäischen regionalen Zentren industrieller Prägung auf. Im positiven Fall münden die erwarteten unterdurchschnittlichen Beschäftigungsausweitungen in überdurchschnittlichen Produktivitätssteigerungen. Bleiben die Wertschöpfungsausweitungen unterdurchschnittlich, MANIFESTIERT SICH DER GRAZER STATUS ALS „INDUSTRIELLES" ZENTRUM.

> **Hypothese 3: Ein demographischer Konzentrationsprozess an jüngster Bevölkerung in den Zentren wird festzustellen sein. Die jüngste Bevölkerung wächst in Zukunft nur mehr in den städtischen Räumen des Verdichtungsraum Graz-Maribor.**

DIE JÜNGSTE BEVÖLKERUNG WÄCHST NUR IN DEN STÄDTISCHEN RÄUMEN. Regionale Entwicklung der Anzahl der Jugendlichen und Kinder bis 15 Jahre: Hier wird eine LebMur-Dichotomie sichtbar werden: Während die nicht-städtischen LebMur-Regionen (Oststeiermark, SW-Steiermark und die slowenischen Regionen – so sie dem nationalen Trend folgen – stark an Bevölkerung bis 15 Jahre verlieren werden (regionale Rückgänge zwischen einem Fünftel und einem Drittel der derzeitigen Population), wird das regionale Zentrum Graz voraussichtlich bis 2031 um insgesamt 9 % mehr an unter 15-Jährigen aufweisen, was auch einer überdurchschnittlichen Ausweitung im Clustertypenvergleich gleichkommt. Eine ähnliche Entwicklung könnte auch für das slowenische LebMur-Zentrum Marburg erwartet werden.

> **Hypothese 4: Ein demographischer Konzentrationsprozess an Bevölkerung im erwerbsfähigen Alter wird in den Zentren festzustellen sein. In den peripheren Regionen des Verdichtungsraums Graz-Maribor wird die Bevölkerung im erwerbsfähigen Alter zuerst stagnieren und gegen Ende der Prognoseperiode zurückgehen.**

HOHE ZUNAHME DER BEVÖLKERUNG IM ERWERBSFÄHIGEN ALTER IM ZENTRUM; STAGNATION UND SPÄTER ABNAHME IN DER PERIPHERIE. Für Graz wird eine Zunahme der Bevölkerung im erwerbsfähigen Alter von etwa 10 % (2001 bis 2031) prognostiziert, Rückgänge in ähnlicher Höhe betreffen dagegen die beiden peripheren steirischen Gebiete bis zum Prognoseende. Bis 2021 allerdings stagniert die Anzahl der Bevölkerung im erwerbsfähigen Alter in diesen Gebieten. Auch in Slowenien wird bis 2016 eine Stagnation erwartet, der nationale Rückgang wird bis Ende des Prognosezeitraums 20 % betragen. Auch hier kann die unterschiedliche Entwicklung von Zentrum und Peripherie vermutet werden.

> **Hypothese 5: Obwohl auch der Verdichtungsraum Graz-Maribor nicht vom Überalterungsprozess der Gesellschaft verschont bleiben wird, bleibt die Region im Vergleich zu anderen österreichischen Gebieten „relativ" jung.**

HOHES WACHSTUM DER ÄLTEREN BEVÖLKERUNG IN ALLEN REGIONSTYPEN, DER SÜDOSTEN ÖSTERREICHS IST TENDENZIELL SCHWÄCHER BETROFFEN – LEBMUR BLEIBT VERGLEICHSWEISE JUNG. Die ältere Bevölkerung (60 plus) wächst zwar auch in den drei österreichischen LebMur-Regionen, jedoch nicht so stark wie die jeweiligen Regionstypen. Insgesamt kann von einem Wachstum zwischen 60 und 66 % zwischen 2001 und 2031 ausgegangen werden. Da das Wachstum der älteren Bevölkerung in Slowenien (zwischen 2004 und 2031) auch in diesem Rahmen bleibt, folgt, dass die Region LebMur (kombiniert mit der starken Zunahme an jüngerer Bevölkerung in Graz und der erst später erwarteten Rückgänge der Bevölkerung im erwerbsfähigen Alter) insgesamt im Vergleich zu anderen Regionen doch relativ jung bleibt.

Hypothese 6: Die Partizipationsraten der Regionen des Verdichtungsraums Graz-Maribor werden ein starkes Wachstum aufweisen und sich tendenziell über den Prognosezeitraum angleichen.

Die österreichischen Regionen des Verdichtungsraums Graz-Maribor weisen anfänglich vergleichsweise niedrige Partizipationsraten auf, diese werden jedoch – vor allem durch die Zunahme im Zentralraum – bis Ende der Prognoseperiode aufschließen. Damit „gewinnt" die österreichische Region in zweifacher Hinsicht: Durch die „relative" Verjüngung steht potentiell mehr Arbeitskräfteangebot als in anderen Regionen zur Verfügung, eine höhere Teilnahmerate bedeutet eine bessere Ausnützung dieses Potentials.

1. Einleitung

Für die österreichischen Regionen der europäischen Clusteranalyse (siehe Aumayr, 2006a) wurden sektorale Beschäftigungsprognosen zwischen 2005 und 2025 des JR-InTeReg, die Bevölkerungsprognosen der *STATISTIK AUSTRIA* und der *Österreichischen Raumordungskonferenz* (ÖROK) ausgewertet. Dabei wurde insbesondere auf 5-Jahresperioden abgestellt. Die im Rahmen des Projekts LebMur durchgeführte Clusteranalyse umfasste (siehe Aumayr, 2006a) über 1.100 europäische NUTS 3-Regionen, die anhand von räumlichen (Bevölkerungsdichte und Erreichbarkeit von Bevölkerung) sowie wirtschaftsstrukturellen Gesichtspunkten gegliedert wurden. Diese Analyse ergab die folgenden elf Regionstypen (siehe *Tabelle 31*):

Tabelle 31: Clustertypen

Cluster Nr.	Cluster Typisierung
1	Agrarische ländliche Randgebiete
2	Industrielle ländliche Randgebiete
3	Intensive Tourismusgebiete
4	Tourismusgebiete
5	Industriegebiete
6	Regionale Zentren industrieller Prägung
7	Regionale Zentren tertiärer Prägung
8	Zentrale Ballungsräume
9	Industriestädte
10	Dienstleistungsstädte
11	Metropolen

Quelle: Aumayr (2006a).

Die Ergebnisse dieser europaweiten Clusteranalyse sind in folgender *Abbildung 37* dargestellt. Neben den österreichischen Regionstypen finden sich hier auch die detaillierten Ergebnisse für den *Verdichtungsraum Graz-Maribor*.

Abbildung 37: Clustertypen in Österreich

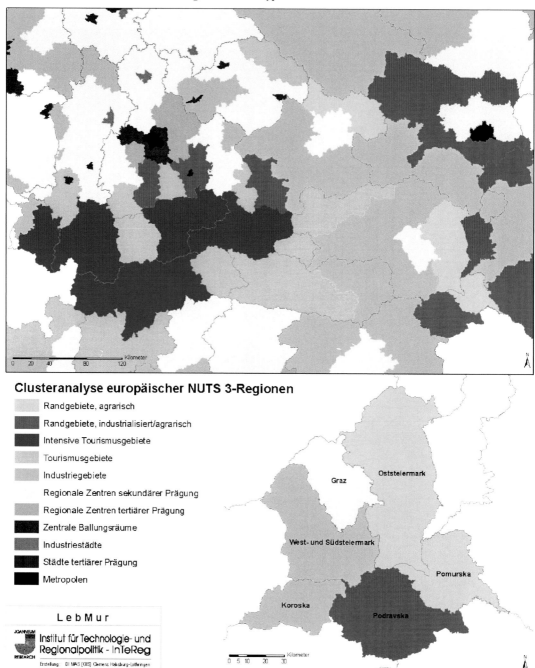

Clusteranalyse europäischer NUTS 3-Regionen

Randgebiete, agrarisch

Randgebiete, industrialisiert/agrarisch

Intensive Tourismusgebiete

Tourismusgebiete

Industriegebiete

Regionale Zentren sekundärer Prägung

Regionale Zentren tertiärer Prägung

Zentrale Ballungsräume

Industriestädte

Städte tertiärer Prägung

Metropolen

L e b M u r

Institut für Technologie- und
Regionalpolitik - InTeReg

Erstellung   DI MAS (GIS) Clemens Habsburg-Lothringen

1.1   ANNAHMEN

Die Clusteranalyse als zeitpunktbezogene Systematisierung stellt eine statische und relative Kategorisierung dar. Die Änderung des Bezugssamples (von Europa auf Österreich) der analysierten Variablen (hier vorwiegend Beschäftigung und Bevölkerung) sowie des Zeitraums (bis 2025) stellen eine große Herausforderung für die weitere Analyse dar.

So ansprechend die Analyse weiterer Entwicklungen anhand der oben angeführten elf Regionstypen ist, ist doch anzumerken, dass die zukünftige Konstanz dieser Klassifikation wohl nur schwerlich angenommen werden kann. Insbesondere zwischen „verwandten" Clustertypen (wie zum Beispiel den verschiedenen ländlichen Randgebieten oder auch den städtischen Regionen) sind zukünftige „Gruppen-Wanderungen" sehr wahrscheinlich. Vor diesem Hintergrund sei daher ausdrücklich darauf hingewiesen, dass die prognostischen Aussagen auf Basis dieser a priori gegebenen Systematisierung auf den „Status quo" bezogen sind, und diesen, sofern nicht anders angesprochen, als konstant voraussetzen.

Innerhalb der Region LebMur (eine Beschreibung der Regionen findet sich in Kirschner, Prettenthaler, 2006a) wurden vier verschiedene Clustertypen ausgemacht (siehe *Abbildung 37*). Die Analyse wird sich daher insbesondere auf diese Typen konzentrieren, weitere in Österreich vorkommende Cluster werden jedoch auch mit berücksichtigt, um der „Verwandtschaftshypothese" Genüge zu tun.

Ziel dieser Arbeit ist die Untersuchung der Fragestellung,

- inwiefern **ähnlichen Regionen** auch **ähnliche Entwicklungspfade zugeschrieben werden können**, und

- wie diese **potentiell aussehen,** beziehungsweise wie sich diese darstellen lassen.

1.2   ABLAUF

Anhand der oben formulierten Annahmen werden im ersten Schritt „Basishypothesen" formuliert, die anhand konkreterer und detaillierter Fragestellungen überprüft, aber auch ergänzt werden.

Auf Basis dieser Ergebnisse erfolgt die Formulierung idealtypischer Entwicklungspfade für die jeweiligen Regionstypen, die ihrerseits wiederum Eingang in eine Szenarioanalyse für die Entwicklung der Regionen im grenzüberschreitenden *Verdichtungsraum Graz-Maribor* finden (siehe Prettenthaler, Höhenberger, Kirschner 2007 und Höhenberger, Kirschner, Prettenthaler, 2007).

Somit haben die Ergebnisse dieser Arbeit intermediären Charakter

---

1.3   BASISHYPOTHESEN

Überprüft werden folgende Basishypothesen für den grenzüberschreitenden *Verdichtungsraum Graz-Maribor* (LebMur)*:*

1. **Homogene Beschäftigungsentwicklung:** Ähnliche Clustertypen werden ähnliche sektorale Beschäftigungsentwicklungen aufweisen.

2. **Relativ homogene Entwicklung strukturell ähnlicher Regionen:** Die Entwicklung näher „verwandter" Cluster ist ähnlicher als jene weiter entfernter Cluster.

3. **Überdurchschnittliche Performance im Regionstypenvergleich als Indikator für das Potential einer Region**: Regionale komparative Vorteile in Bezug auf den Clusterdurchschnitt sind wesentliche Faktoren für das endogene Entwicklungspotential der Regionen.

> *Sowohl nationale Zugehörigkeiten als auch räumliche Nähe beeinflussen die Richtung der Entwicklungspfade positiv*

1.4   FRAGESTELLUNGEN

Zur Überprüfung der Basishypothesen wurden konkrete Fragestellungen – die in den nachfolgenden Abschnitten diskutiert werden – formuliert. Es gilt zu beantworten:

1. Wie homogen die „Clustergruppen" in Bezug auf die prognostizierte sektorale Beschäftigungsentwicklung/demographische Variable sind.

2. Wie homogen ähnliche Clustergruppen in Bezug auf die prognostizierte sektorale Beschäftigungsentwicklung/demographische Variable sind.

3. Wie schneiden die steirischen Regionen des grenzüberschreitenden Verdichtungsraums Graz-Maribor im Vergleich zum Gruppendurchschnitt ab?

1.5   VORGANGSWEISE

In einem ersten Schritt werden die österreichischen Regionen in Clustertypen aggregiert. Mittels eines Vergleichs der Standardabweichung in Relation zum Mittelwert („Variationskoeffizient") des jeweiligen Clustertyps in Bezug auf die zu untersuchenden Variablen werden diese Gruppen auf Homogenität hin untersucht. Von Interesse sind hier die prognostizierten Wachstumsraten der sektoralen Beschäftigung.

Ziel ist eine Analyse der Streuung der jeweiligen Wachstumsraten. Besonderes Interesse gilt der durchschnittlichen jährlichen Veränderung des sektoralen Beschäftigungswachstums nach Clustertypen.

Eine Veränderung – ein Anwachsen, aber auch ein Rückgang – der Beschäftigung in einer Region ist unweigerlich mit einer Veränderung der regionalen demographischen Struktur verbunden. Verfügbare Bevölkerungsprognosen werden analysiert, demographische Veränderungen – in Bezug auf die Regionen und Clustertypen – dargestellt.

Ziel ist eine Darstellung einer regions- beziehungsweise clustertypischen Bevölkerungsentwicklung – insbesondere prognostizierte Veränderungen der Anzahl von Personen im erwerbsfähigen Alter gilt es zu untersuchen.

2. Untersuchung der Beschäftigungsentwicklung

2.1 WIE HOMOGEN SIND DIE JEWEILIGEN CLUSTER IN BEZUG AUF IHRE BESCHÄFTIGUNGSENTWICKLUNG?

Als Indikator für die „Homogenität" einer Gruppe in Bezug auf eine Variable wird die Standardabweichung innerhalb der Gruppe herangezogen. Ein Cluster von Regionen ist in der Ausprägung einer Variablen dann relativ homogen, wenn die Streuung dieser Gruppe geringer ist als in der gesamten Gruppe von Regionen. Um die jeweiligen Streuungen jedoch untereinander – d.h. größenunabhängig voneinander – zu vergleichen, greifen wir auf den Variationskoeffizienten zurück, der sich als Standardabweichung in Prozent des Mittelwertes berechnet. Diesen Vergleich der Variationskoeffizienten führten wir für die Wachstumsraten der sektoralen Beschäftigungsentwicklung im Fünf-Jahresabstand durch.

Die Ergebnisse der Untersuchung lassen sich wie folgt zusammenfassen:

1. **Die Gesamtentwicklung der Beschäftigung ist in fast allen untersuchten Regionstypen relativ homogen** (siehe *Abbildung 38* und *Abbildung 39*) mit Ausnahme der Tourismus- und insbesondere auch der Industriegebiete. Auch im Dienstleistungssektor spiegeln die Beschäftigungsprognosen dieses Ergebnis wider.

2. Anders stellt sich die Situation im **Produktionssektor dar**, hier ist die **Beschäftigungsentwicklung nach Regionstypen heterogener ist als im gesamten Regionssample** (siehe *Abbildung 40*). Für das Phänomen bietet sich folgende Erklärung an: Während die Klassifikation in der Clusteranalyse nur anhand von aggregierten Sektordaten erfolgte, berücksichtigte die Beschäftigungsprognose die nach Branchen differenzierte (und erst später aggregierte) Beschäftigungsentwicklung. Gerade innerhalb der Sachgütererzeugung ist diese Entwicklung jedoch vor dem Hintergrund technologischen Strukturwandels unterschiedlich. Österreichweit wachsen technologieintensivere Sektoren, während die Beschäftigung in „low-tech" Branchen sinkt (Stichwort: Globalisierung, internationale und intersektorale Arbeitsteilung, Outsourcing, hohes Produktivitätswachstum bei zum Teil stark sinkender Beschäftigungszahl). Da technologisch intensive und weniger intensive Branchen nicht gleichmäßig über die Fläche verteilt sind, kann bei kleinerer räumlicher Abgrenzung schon von vornehrein, aufgrund regionaler Spezialisierungen, eine heterogenere Entwicklung erwartet werden.

3. **Eine Ausnahme (von Ergebnis 2) bilden die intensiven Tourismusgebiete**. Als Erklärung dafür bietet sich die relativ homogene Branchenstruktur der Sachgütererzeugung dieser Region. Derart hohe Unterschiede in der Branchenentwicklung sind insbesondere im produzierenden Sektor auszumachen, im Allgemeinen trifft dies für den Dienstleistungssektor nicht zu. Der Dienstleistungssektor profitiert beschäftigungsmäßig von Outsourcingprozessen des produzierenden Bereichs. Dadurch entsteht gleichzeitig eine höhere Nachfrage nach

Leistungen aus dem Dienstleistungsbereich. Intersektorale Verflechtungen zwischen dem sekundären und dem tertiären Sektor nehmen zu.

4. **Für die industriellen ländlichen Randgebiete ist im Gesamten eine recht homogene Entwicklung auszumachen,** einzig über die Beschäftigung im Produktionssektor können keine Aussagen getroffen werden. In diesen Gebieten findet auch als einzige eine homogenere Entwicklung in der Landwirtschaft statt als in der Gesamtgruppe (siehe *Abbildung 41* und *Abbildung 42*; hier findet sich auch ein Vergleich der clusterspezifischen Beschäftigungswachstumsraten – gesamt und nach Sektoren differenziert).

Nachfolgend werden die Ergebnisse der Untersuchung tabellarisch dargestellt.

2.2 TABELLARISCHE DARSTELLUNG DER ERGEBNISSE

Abbildung 38: Vergleich von Variationskoeffizienten der Wachstumsraten der sektoralen Beschäftigung.

	Agrarische ländliche Randgebiete	Industrielle ländliche Randgebiete	Intensive Tourismus-gebiete	Tourismus-gebiete	Industrie-gebiete	Regionale Zentren industrieller Prägung	Gesamt
Gesamt							
2005	6	44	18	49	62	10	51
2010	6	62	29	107	85	27	72
2015	8	67	39	133	140	30	88
2020	8	69	47	142	163	30	94
2025	3	73	57	150	215	30	103
Produktionssektor							
2005	54	-370	99	-50	-279	2186	-400
2010	14	-78	-53234	-48	-140	-38	-145
2015	56	-63	-319	-28	-79	-24	-86
2020	156	-73	-157	-22	-71	-22	-77
2025	23	-64	-100	-22	-59	-20	-67
Dienstleistungssektor							
2005	3	31	20	25	39	22	37
2010	1	38	24	34	42	24	42
2015	1	39	29	37	47	24	44
2020	0	40	34	41	51	23	46
2025	1	42	38	44	55	22	48
Landwirtschaft							
2005	-1	-248	-78	-51	-65	-37	-78
2010	-3	-77	-22	-23	-43	-32	-48
2015	-3	-92	-20	-24	-47	-35	-52
2020	0	-107	-19	-23	-49	-36	-54
2025	-4	-125	-19	-22	-51	-37	-56

Quelle: JR-Beschäftigungsprognose, eigene Berechnungen JR-InTeReg.

***Zur Interpretation:** Bei den farblich markierten Feldern (siehe Abbildung 38 und Abbildung 39) ist der Variationskoeffizient des jeweiligen Clustertyps niedriger als in der Gesamtgruppe, die prognostizierte Beschäftigungsentwicklung des jeweiligen Sektors (sowie gesamt) innerhalb der jeweiligen Gruppe ist damit homogener als in der Gesamtgruppe. Für nicht-farbig markierte Gruppen gilt das Gegenteil. Anzumerken bleibt die Tatsache, dass aufgrund der geringen Anzahl von Regionen in den „Agrarisch ländlichen Randgebieten" und den „Regionalen Zentren industrieller Prägung" diesem Indikator wenig Bedeutung beigemessen werden sollte, der Vollständigkeit halber sind sie jedoch auch hier ausgewiesen.*

Abbildung 39: Vergleich von Variationskoeffizienten der Wachstumsraten der sektoralen Beschäftigung innerhalb aggregierter Cluster

		Ländliche Randgebiete	Touristische Regionen	Industrielle Regionen	Gesamt
Gesamt					
	2005	38	41	59	51
	2010	53	72	82	72
	2015	57	86	110	88
	2020	58	96	120	94
	2025	61	108	141	103
Produktionssektor					
	2005	-775	-1060	-354	-400
	2010	-226	-141	-129	-145
	2015	-110	-92	-72	-86
	2020	-107	-74	-64	-77
	2025	-96	-61	-55	-67
Dienstleistungssektor					
	2005	34	25	37	37
	2010	39	30	41	42
	2015	40	34	45	44
	2020	41	38	48	46
	2025	42	42	51	48
Landwirtschaft					
	2005	-142	-64	-59	-78
	2010	-78	-23	-41	-48
	2015	-86	-23	-44	-52
	2020	-94	-22	-46	-54
	2025	-102	-21	-49	-56

Quelle: JR-Beschäftigungsprognose, eigene Berechnungen JR-InTeReg.

***Zur Interpretation**: Abbildung 39 zeigt die Ergebnisse der Homogenitätsanalyse nach Aggregation ähnlicher Cluster (d.h. industrielle und agrarische Randgebiete, Tourismusgebiete und intensive Tourismusgebiete, Industriegebiete und regionale Zentren industrieller Prägung).*

Die Ergebnisse zeigen wiederum ein hohes Maß an Homogenität innerhalb der ländlichen Randgebiete und bei den Tourismusgebieten.

Abbildung 40:   Durchschnittliches Wachstum der Beschäftigung nach Clustertyp

		Durchschnittliches Wachstum per anno					
		Agrarische ländliche Randgebiete	Industrielle ländliche Randgebiete	Intensive Tourismus-gebiete	Tourismus-gebiete	Industrie-gebiete	Regionale Zentren industrieller Prägung
bis 2010	Gesamt	1,1	0,9	1,0	0,6	0,6	1,3
	Landwirtschaft	-1,7	-0,2	-0,7	-1,2	-1,1	-1,3
	Sekundärer Sektor	0,3	-0,2	0,4	-0,5	-0,3	0,0
	Dienstleistungssektor	2,4	1,4	1,4	1,1	1,4	1,9
bis 2015	Gesamt	0,9	0,7	0,5	0,3	0,4	1,2
	Landwirtschaft	-3,8	-1,2	-3,2	-3,5	-3,1	-3,1
	Sekundärer Sektor	0,6	-0,5	0,0	-0,7	-0,5	-0,4
	Dienstleistungssektor	2,3	1,3	1,0	1,0	1,2	1,8
bis 2020	Gesamt	0,9	0,6	0,5	0,3	0,3	1,0
	Landwirtschaft	-4,0	-1,1	-3,3	-3,7	-3,2	-3,2
	Sekundärer Sektor	0,2	-0,7	-0,1	-0,9	-0,8	-0,7
	Dienstleistungssektor	2,1	1,2	0,9	0,9	1,1	1,6
bis 2020	Gesamt	0,9	0,6	0,4	0,3	0,2	1,0
	Landwirtschaft	-4,1	-1,0	-3,4	-3,8	-3,2	-3,3
	Sekundärer Sektor	0,1	-0,7	-0,3	-1,0	-0,9	-0,8
	Dienstleistungssektor	2,0	1,1	0,8	0,9	1,0	1,6
bis 2025	Gesamt	1,0	0,6	0,4	0,3	0,2	1,0
	Landwirtschaft	-4,1	-0,9	-3,5	-3,9	-3,2	-3,2
	Sekundärer Sektor	0,1	-0,8	-0,4	-1,1	-1,1	-0,9
	Dienstleistungssektor	1,8	1,0	0,8	0,8	0,9	1,5

Quelle: JR-Beschäftigungsprognose, eigene Berechnungen JR-InTeReg.

Zur Interpretation: *Die durchschnittliche Höhe des Wachstums, jeweils als Gruppenmittelwert nach einzelnen Regionstypen ausgewiesen, ist vor allem vor dem Hintergrund der oben beschriebenen Einschränkungen zu interpretieren.*

Abbildung 41: Streuung der durchschnittlichen jährlichen Wachstumsraten der sektoralen Beschäftigung zwischen 2005 und 2010 nach Clustertypen

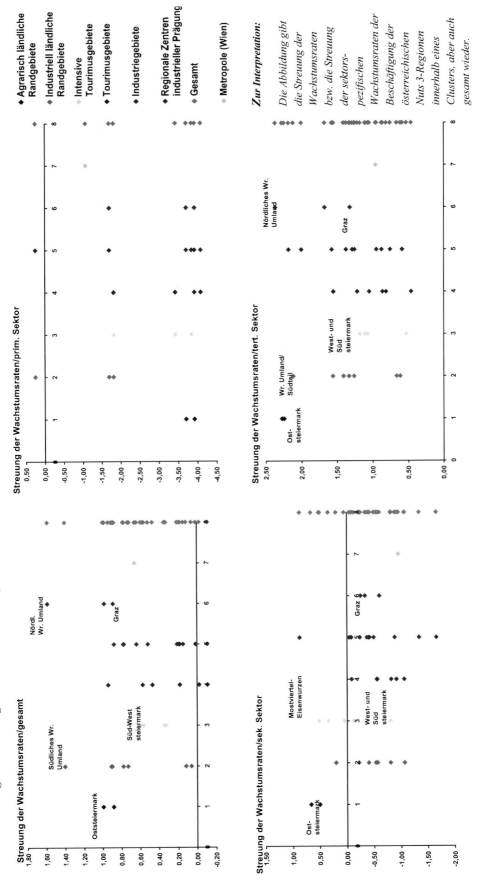

Quelle: JR-Beschäftigungsprognose, eigene Darstellung, JR-InTeReg.

Abbildung 42: Durchschnittliche jährliche Veränderung des sektoralen Beschäftigungswachstums nach Clustertypen

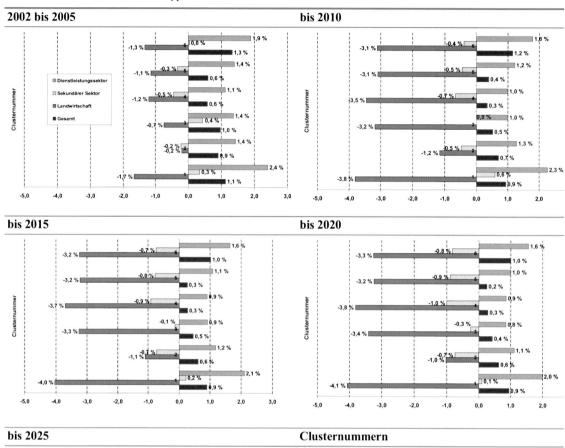

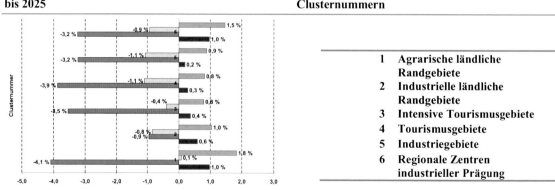

		1	Agrarische ländliche Randgebiete
		2	Industrielle ländliche Randgebiete
		3	Intensive Tourismusgebiete
		4	Tourismusgebiete
		5	Industriegebiete
		6	Regionale Zentren industrieller Prägung

Quelle: JR-Beschäftigungsprognose, eigene Darstellung JR-InTeReg.

Abbildung 43:   Prozentuale Veränderung des sektoralen Beschäftigungswachstums nach Clustertypen
(2002 bis 2025)

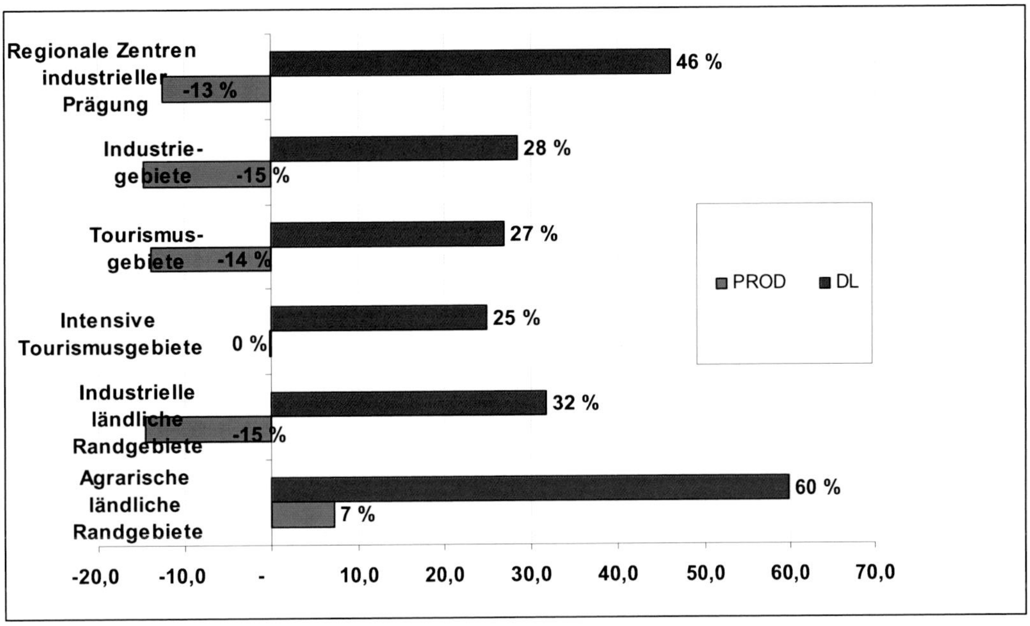

Regionale Zentren industrieller Prägung: -13 %, 46 %
Industriegebiete: -15 %, 28 %
Tourismusgebiete: -14 %, 27 %
Intensive Tourismusgebiete: 0 %, 25 %
Industrielle ländliche Randgebiete: -15 %, 32 %
Agrarische ländliche Randgebiete: 7 %, 60 %

Legende: PROD, DL

Achse: -20,0 -10,0 - 10,0 20,0 30,0 40,0 50,0 60,0 70,0

Quelle: eigene Berechnungen, eigene Darstellung JR-InTeReg.

Zur Interpretation: *Regionstypen mit starkem Beschäftigungswachstum erzielen dieses vor allem im Dienstleistungssektor. Über alle Regionstypen findet ein hoher Rückgang der Beschäftigung in der Landwirtschaft statt, dieser ist jedoch am niedrigsten in den industriell geprägten Randgebieten, während er in den beiden agrarisch geprägten Randgebieten am höchsten ist.*

Höchstes Gesamtwachstum in den regionalen Zentren, danach in den agrarischen ländlichen Randgebieten – diese beiden Typen weisen auch das jeweils stärkste Wachstum im Dienstleistungssektor auf.

Relativ hohe Beschäftigungsrückgänge im sekundären Sektor werden für die industriellen Randgebiete prognostiziert.

3. Untersuchung der demographischen Entwicklung

Als Indikator für die „Homogenität" einer Gruppe in Bezug auf eine Variable wird wiederum die Standardabweichung innerhalb der Gruppe herangezogen.[24] Untersucht werden die demographische Entwicklung der Regionen nach Altersgruppen – unterschieden wird in 0- bis15-Jährige, 15- bis 64-Jährige und über 60-Jährige, aber auch prognostizierte Partizipationsraten (Anteil der Erwerbspersonen an der Gesamtbevölkerung[25]) werden analysiert.

3.1 WIE HOMOGEN SIND DIE JEWEILIGEN CLUSTER IN BEZUG AUF IHRE BEVÖLKERUNGSENTWICKLUNG?

Die Ergebnisse der Untersuchung lassen sich wie folgt zusammenfassen:

1. **Die Entwicklung der Bevölkerungsgruppe der 0- bis 15-Jährigen ist in allen untersuchten Regionstypen homogener als in der Gesamtgruppe** (siehe *Abbildung 44*): Die prognostizierte Entwicklung der Regionen unterscheidet sich jedoch je nach Clustertyp gravierend (siehe *Abbildung 45*). So wird für die Metropole Wien, aber auch für die regionalen Zentren industrieller Prägung ein deutlicher Anstieg des Anteils dieser Bevölkerungsgruppe erwartet. Während die Industriegebiete – nach anfänglichen Einbußen – die Zahl der jungen Einwohner anteilsmäßig halten werden können, müssen sämtliche anderen Regionstypen deutliche Rückgänge verschmerzen. Am stärksten betroffen sind hierbei *Agrarisch ländliche Randgebiete* und *Tourismusgebiete*.

2. **Die Entwicklung der Bevölkerungsgruppe der Personen im erwerbsfähigem Alter (15- bis 64-Jährige) ist in den meisten der untersuchten Regionstypen homogener als in der Gesamtgruppe** (siehe *Abbildung 46*)**:** Die Clustergruppen sind homogener als die Gesamtgruppe zu allen Zeitpunkten, bis auf die Gruppe der *Industriellen Randgebiete* zum Zeitraum 2011 bis 2021 und die Gruppe der *Tourismusgebiete* (2026 bis 2031). Zu signifikanten Bevölkerungszunahmen (der 15 bis 64 Jährigen) kommt es nur in den regionalen Zentren (und Wien). Weiters ist mit einer Stagnation in den peripheren *Industriellen Randgebieten*, mit leichter Abnahme gegen Ende der Prognoseperiode sowie mit hohen Rückgängen in den *Agrarisch ländlichen Randgebieten* wie auch in den *Industriegebieten* zu rechnen (siehe *Abbildung 47*).

3. **Die Entwicklung der Bevölkerungsgruppe der über 60-Jährigen ist in allen untersuchten Regionstypen homogener als die Gesamtgruppe** (siehe *Abbildung 48*): In allen Clustertypen wird der Anteil dieser Bevölkerungsgruppe stark steigen, am stärksten jedoch in den *Intensiven Tourismusgebieten* und in den *Regionalen Zentren industrieller Prägung*. Am günstigsten stellt sich die Situation für die

---

[24] Ein Cluster von Regionen ist in der Ausprägung einer Variablen dann relativ homogen, wenn die Streuung dieser Gruppe geringer ist als in der gesamten Gruppe von Regionen.

[25] Erwerbspersonen sind im Alter von 15 bis 45plus, während die Bevölkerung jene im „erwerbsfähigen Alter", d. h. von 15 bis 64 ist.

Metropolregion Wien dar, hier wird ein vergleichsweise geringes Wachstum der „Generation 60 plus" erwartet (siehe *Abbildung 49*).

Nachfolgend werden die Ergebnisse der Untersuchung für jede demographische Gruppe tabellarisch dargestellt.

3.2   TABELLARISCHE DARSTELLUNG DER ERGEBNISSE

2.1.1   Kinder und Jugendliche

Abbildung 44:   Vergleich von Variationskoeffizienten der Wachstumsraten für die Bevölkerungsgruppe der 0- bis 15- Jährigen.

	Agrarische ländliche Randgebiete	Industrielle Ländliche Randgebiete	Intensive Tourismus- gebiete	Tourismus- gebiete	Industrie- gebiete	Regionale Zentren industrieller Prägung	Metropole- Wien	Gesamt- ergebnis
Mittelwert von 2006	0,5	3,7	2,0	2,8	3,1	1,5	0,0	4,2
Mittelwert von 2011	0,6	6,5	3,9	6,6	5,7	3,5	0,0	8,7
Mittelwert von 2016	1,0	8,6	5,3	10,0	7,9	3,9	0,0	12,5
Mittelwert von 2021	1,2	10,3	5,6	12,5	9,4	3,6	0,0	15,3
Mittelwert von 2026	1,4	12,2	5,8	14,8	10,9	4,0	0,0	17,6
Mittelwert von 2031	1,5	13,8	6,1	17,1	12,4	4,8	0,0	19,7

Quelle: ÖROK, Statistik Austria, Bevölkerungsprognose; eigene Berechnungen; JR-InTeReg.

Zur Interpretation: *siehe Textfeld Abschnitt 2.2*

Abbildung 45:   Entwicklung der jungen Bevölkerung (unter 15) nach Clustertypen (Gruppenmittelwerte) Indexwerte: 2001 = 100

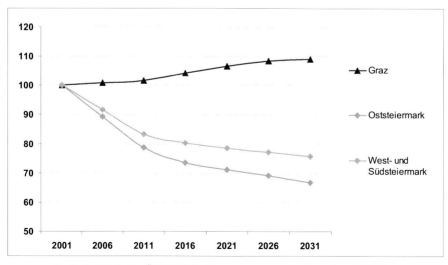

Quelle: Statistik Austria, ÖROK 2006 Bevölkerungsprognose, eigene Darstellung JR-InTeReg.

2.1.2   Bevölkerung im erwerbsfähigen Alter

Abbildung 46:   Vergleich von Variationskoeffizienten der Wachstumsraten der Bevölkerungsgruppe
der Personen im erwerbsfähigem Alter

	Agrarische ländliche Randgebiete	Industrielle ländliche Randgebiete	Intensive Tourismusgebiete	Tourismusgebiete	Industriegebiete	Regionale Zentren industrieller Prägung	Metropole-Wien	Gesamtergebnis
Mittelwert von 2006	1,3	4,9	0,7	2,2	3,1	1,5	0,0	3,7
Mittelwert von 2011	1,7	7,1	0,6	4,1	5,7	2,6	0,0	6,2
Mittelwert von 2016	2,6	8,3	0,9	5,4	7,4	2,9	0,0	7,7
Mittelwert von 2021	3,6	9,3	1,8	6,3	8,7	3,1	0,0	8,9
Mittelwert von 2026	4,5	10,2	3,1	7,1	10,4	3,3	0,0	10,2
Mittelwert von 2031	5,0	11,1	4,0	7,8	11,9	3,3	0,0	11,3

Quelle: ÖROK, Statistik Austria, Bevölkerungsprognose; eigene Berechnungen; JR-InTeReg.

Zur Interpretation: *siehe Textfeld Abschnitt 2.2*

Abbildung 47:   Entwicklung der Bevölkerung im erwerbsfähigen Alter (15 bis 64) nach Clustertypen
(Gruppenmittelwerte) Indexwerte: 2001 = 100

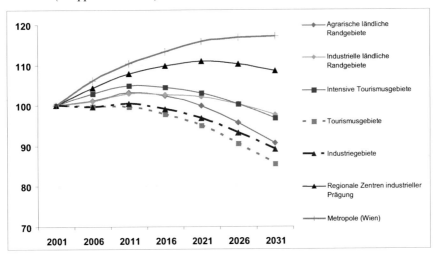

Quelle: Statistik Austria, ÖROK 2006 Bevölkerungsprognose, eigene Darstellung JR-InTeReg.

2.1.3   Ältere Bevölkerung (60 plus)

Abbildung 48: Vergleich von Variationskoeffizienten der Wachstumsraten der Bevölkerungsgruppe 60 plus

	Agrarische ländliche Randgebiete	Industrielle ländliche Randgebiete	Intensive Tourismus-gebiete	Tourismus-gebiete	Industrie-gebiete	Regionale Zentren industrieller Prägung	Metropole-Wien	Gesamt-ergebnis
Mittelwert von 2006	0,5	3,7	2,0	2,8	3,1	1,5	0,0	4,2
Mittelwert von 2011	0,6	6,5	3,9	6,6	5,7	3,5	0,0	8,7
Mittelwert von 2016	1,0	8,6	5,3	10,0	7,9	3,9	0,0	12,5
Mittelwert von 2021	1,2	10,3	5,6	12,5	9,4	3,6	0,0	15,3
Mittelwert von 2026	1,4	12,2	5,8	14,8	10,9	4,0	0,0	17,6
Mittelwert von 2031	1,5	13,8	6,1	17,1	12,4	4,8	0,0	19,7

Quelle: Statistik Austria, ÖROK 2006 Bevölkerungsprognose, JR-InTeReg; eigene Berechnungen; JR-InTeReg.

> **Zur Interpretation:** siehe Abschnitt 2.2

Abbildung 49: Entwicklung der älteren Bevölkerung (60 plus) nach Clustertypen (Gruppenmittelwerte) Indexwerte: 2001 = 100

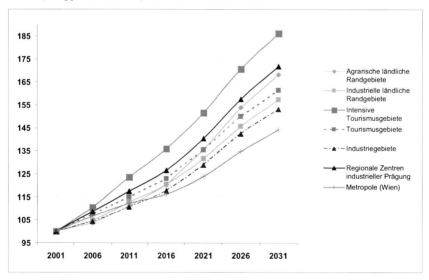

Quelle: Statistik Austria, ÖROK 2006 Bevölkerungsprognose, eigene Darstellung JR-InTeReg,

3.3   WIE HOMOGEN SIND DIE JEWEILIGEN CLUSTER IN BEZUG AUF DIE PARTIZIPATIONSRATEN?

Die Ergebnisse der Untersuchung lassen sich wie folgt zusammenfassen:

Alle Cluster – bis auf die INDUSTRIEGEBIETE sind in allen Zeiträumen homogener in Bezug auf die Partizipationsrate als die gesamte Gruppe (siehe *Abbildung 50*): Die Industriegebiete weisen im Durchschnitt die zweitniedrigste Partizipationsrate auf, wobei hier ein Nordwest/Südost-Gefälle vorliegt (das heißt, in den nordwestlichen Bundesländern sind die Partizipationsraten der Industriegebiete höher als in den südöstlichen Bundesländern.). Die LebMur-Region Süd-Weststeiermark liegt 2006 mit einer Partizipationsrate von 70 % im Mittelfeld der österreichischen Industriegebiete, holt bis 2031 nach vorliegender Prognose auf 73 % auf (die Werten liegen jedoch immer noch leicht unter dem Durchschnitt; siehe *Abbildung 51* und *Abbildung 60*).

Die *Industriell ländlichen Randgebiete* weisen (nach Wien) die höchsten Partizipationsraten auf (siehe *Abbildung 52*): Im Prognosezeitraum schließen auch die regionalen Zentren industrieller Prägung (im Durchschnitt) auf diese Werte auf. Graz weist am Anfang eine signifikant niedrigere Partizipationsrate auf als die anderen regionalen Zentren (68 %), holt jedoch im Prognosezeitraum auf (siehe *Abbildung 60*).

Die *Agrarisch ländlichen Randgebiete* weisen erstaunlicherweise sehr hohe Partizipationsraten auf (siehe *Abbildung 51* und *Abbildung 52*): Hier könnte die Nähe der beiden Gebiete zu den Zentralräumen Linz und Graz als Erklärung fungieren (Pendlerströme).

> *Nachfolgend werden die Ergebnisse der Untersuchung der clusterspezifischen Partizipationsraten tabellarisch dargestellt.*

3.4   TABELLARISCHE DARSTELLUNG DER ERGEBNISSE

Abbildung 50: Vergleich von Variationskoeffizienten der Wachstumsraten der sektoralen Beschäftigung

	Agrarische ländliche Randgebiete	Industrielle ländliche Randgebiete	Intensive Tourismus-gebiete	Tourismus-gebiete	Industrie-gebiete	Regionale Zentren Industrieller Prägung	Metropole-Wien	Gesamter-gebnis
2001	1,2	1,4	1,4	1,4	3,1	1,9		2,8
2006	1,2	1,2	1,3	1,4	2,8	1,6		2,6
2011	0,7	1,7	1,3	1,6	2,8	1,0		2,6
2016	0,6	1,8	1,2	1,7	2,8	1,1		2,6
2021	0,5	1,6	1,2	1,6	2,5	0,9		2,4
2026	0,2	1,3	1,0	1,3	2,1	0,8		1,9
2031	0,1	1,0	0,8	1,0	1,6	0,7		1,5

Quelle: Statistik Austria, ÖROK 2006 Bevölkerungsprognose, eigene Berechnungen JR-InTeReg.

> ***Zur Interpretation:*** *siehe Textfeld Abschnitt 2.2*

Abbildung 51: Partizipationsratenprognose nach Clustertypen (Erwerbspersonen ab 15 Jahren in Prozent der Bevölkerung von 15 bis 64 Jahren (Gruppenmittelwerte)

	1	2	3	4	5	6	11	
	Agrarische ländliche Randgebiete	Industrielle ländliche Randgebiete	Intensive Tourismus-gebiete	Tourismus-gebiete	Industrie-gebiete	Regionale Zentren industrieller Prägung	Metropole Wien	Gesamtergebnis
2001	70,8	70,5	69,8	66,9	68,5	69,9	71,9	69,2
2006	72,3	72,1	70,9	68,4	70,2	71,3	72,7	70,6
2011	72,2	72,4	71,3	69,1	70,6	72,3	74,2	71,1
2016	72,2	73,0	72,0	69,9	71,0	72,9	75,3	71,7
2021	72,1	73,0	72,3	70,3	71,2	73,0	75,5	71,9
2026	72,5	73,4	72,8	71,1	71,9	73,3	75,7	72,5
2031	74,0	74,6	74,1	72,8	73,5	74,5	76,4	73,9

Quelle: ÖROK, Statistik Austria, Bevölkerungsprognose, JR-InTeReg.

Abbildung 52: Partizipationsratenprognose nach Clustertypen (Erwerbspersonen ab 15 Jahren in Prozent der Bevölkerung von 15 bis 64 Jahren)

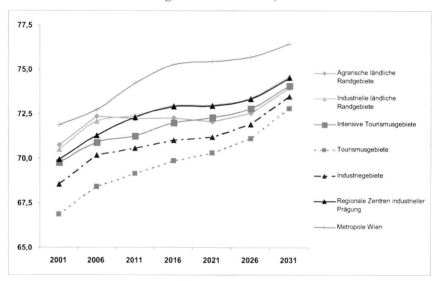

Quelle: Statistik Austria, ÖROK 2006 Bevölkerungsprognose, JR-InTeReg.

4. Hauptergebnisse der Analyse für die österreichischen Regionen des Verdichtungsraums Graz-Maribor

Die folgenden Aussagen beruhen auf den – clustertypusspezifischen – Auswertungen vorliegender österreichischer und slowenischer Bevölkerungsprognosen. Da für Slowenien keine regionalen Prognosen vorhanden sind, werden nach Analyse der nationalen Prognose regionale Aussagen nur hypothetisch getroffen – die nationalen Bevölkerungsprognosen, differenziert nach Altersgruppen, finden sich in folgender *Abbildung 53*.

Abbildung 53: Entwicklung der Bevölkerung in Slowenien Indexwerte: 2004 = 100

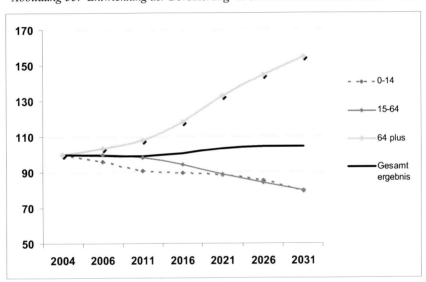

Quelle: Statistik Slowenien, eigene Darstellung JR-InTeReg.

Nachfolgend werden die Ergebnisse der Analyse für die steirischen Regionen des *Verdichtungsraums Graz-Maribor* (LebMur) noch separat diskutiert.

4.1   ... IN BEZUG AUF DIE BESCHÄFTIGUNGSPROGNOSEN

> **Für alle steirischen Regionen des Verdichtungsraums Graz-Maribor wird ein beachtliches Wachstum der gesamten Beschäftigung erwartet.**

Während die durchschnittlichen jährlichen Wachstumsraten anfangs im regionalen Zentrum Graz am höchsten sind, werden sich diese bis 2025 kontinuierlich abschwächen.

Ein völlig entgegengesetztes Bild zeichnet sich für die Industrieregion West- und Südsteiermark: Das zu Beginn des Untersuchungszeitraumes, im Jahre 2005, noch relativ bescheidene Beschäftigungswachstum nimmt bis 2025 stetig zu.

Ebenfalls erfreulich ist die prognostizierte Entwicklung im Agrarisch ländlichen Randgebiet, der Region Oststeiermark, hier werden aller Voraussicht nach durchgängig beachtlich hohe Zuwächse in der Zahl der Beschäftigten erreicht werden können – wie folgende

Abbildung 54 zeigt:

Abbildung 54: Entwicklung des durchschnittlichen jährlichen Wachstums der Beschäftigungsraten der österreichischen Regionen des Verdichtungsraums Graz-Maribor – gesamt

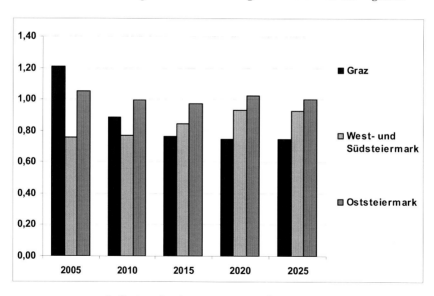

Quelle: eigene Berechnungen, eigene Darstellung JR-InTeReg.

4.1.1 Primärer Sektor

> Der primäre Sektor muss in sämtlichen Regionen einen hohen Rückgang in der Zahl der Beschäftigten hinnehmen.

Dieser liegt anfänglich – durchschnittlich und in allen Regionen – bei jährlich -1,7 %, bis zum Jahre 2025 steigert sich der Rückgang auf jährlich weit über -4 %.

4.1.2 Produzierender Bereich

> Die österreichischen Regionen des Verdichtungsraums Graz-Maribor bleiben im Hinblick auf die Beschäftigungsstruktur industriell geprägt.

Österreichweit wird die Beschäftigung im produzierenden Bereich – je nach regionaler Spezialisierung – im Durchschnitt um etwa -11 % zwischen 2002 und 2025 zurückgehen, und zwar in fast allen Regionstypen: Nur die beiden *Agrarisch ländlichen Randgebiete* und die *Intensiven Tourismusgebiete* bauen weiter Beschäftigung auf.

In der Region LebMur hingegen wird mit einem Beschäftigungswachstum von 9 % in der Oststeiermark und einem unterdurchschnittlichen Rückgang von -10 % in Graz auch weiterhin in Relation zu den anderen Regionen eine industrielle Prägung gegeben sein (siehe *Abbildung 55).*

Abbildung 55: Entwicklung des durchschnittlichen jährlichen Wachstums der Beschäftigungsraten der österreichischen Regionen des Verdichtungsraums Graz-Maribor – produzierender Bereich

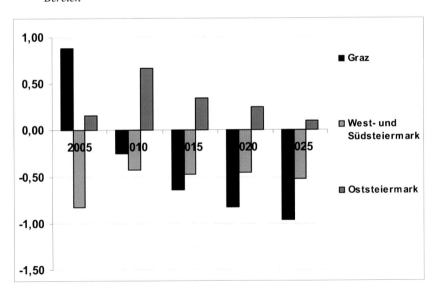

Quelle: Eigene Berechnungen, eigene Darstellung JR-InTeReg.

4.1.3   Dienstleistungssektor

> **Geringere Tertiärisierung der Beschäftigung in den steirischen LebMur-Regionen, da Graz keine „stadttypischen" Ausweitungen verzeichnen wird.**

Die Beschäftigungsausweitungen im Dienstleistungssektor sind nur in den nicht-urbanen LebMur-Regionen überdurchschnittlich: Graz weitet im Vergleich zu allen österreichischen Regionen nur „durchschnittlich" aus, und kann das hohe Wachstum der anderen regionalen Zentren nicht erreichen. Im Europavergleich weist Graz eine äußerst niedrige Produktivität (Bruttowertschöpfung je Beschäftigten) im Dienstleistungssektor im Vergleich zu anderen europäischen regionalen Zentren industrieller Prägung auf.

Im positiven Fall münden die erwarteten unterdurchschnittlichen Beschäftigungsausweitungen in Produktivitätssteigerungen, bleiben die Wertschöpfungsausweitungen jedoch unterdurchschnittlich, so wird **sich der Grazer Status als „industrielles" Zentrum manifestieren.**

Abbildung 56: Entwicklung des durchschnittlichen jährlichen Wachstums der Beschäftigungsraten der österreichischen Regionen des Verdichtungsraums Graz-Maribor – Dienstleistungssektor

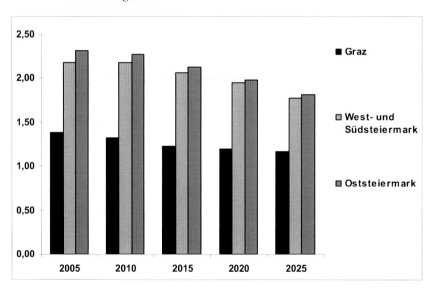

Quelle: eigene Berechnungen, eigene Darstellung JR-InTeReg

4.2   ... IN BEZUG AUF DIE BEVÖLKERUNGSENTWICKLUNG:

4.2.1   Kinder und Jugendliche

> **Ein demographischer Konzentrationsprozess an jüngster Bevölkerung und Bevölkerung im erwerbsfähigen Alter in den Zentren ist festzustellen. Die jüngste Bevölkerung wächst nur in den städtischen Räumen (*siehe Abbildung 57*).**

Zur Entwicklung der Anzahl der regionalen Jugendlichen und Kinder bis 15 Jahre: Hier wird eine LebMur-Dichotomie sichtbar werden: Während die nicht-städtischen LebMur-Regionen (Oststeiermark, Süd- und Weststeiermark und die slowenischen Regionen - so sie dem nationalen Trend folgen) stark an Bevölkerung bis 15 Jahren verlieren werden (regionale Rückgänge zwischen einem Fünftel und einem Drittel der derzeitigen Population), wird das regionale Zentrum Graz voraussichtlich bis 2031 um insgesamt 9 % mehr an unter 15-Jährigen aufweisen, was auch einer überdurchschnittlichen Ausweitung im Clustertypenvergleich gleichkommt.

Eine ähnliche Entwicklung könnte auch für das slowenische LebMur-Zentrum Maribor erwartet werden.

Abbildung 57: Entwicklung der jungen Bevölkerung (unter 15 Jahre) in den steirischen LebMur-Regionen Indexwerte: 2001 = 100

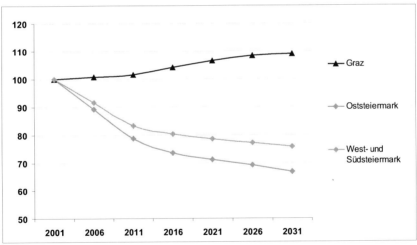

Quelle: ÖROK, Statistik Austria, Bevölkerungsprognose, eigene Darstellung JR-InTeReg.

4.2.2   Bevölkerung im erwerbsfähigen Alter

Es kommt zu einer hohen Zunahme der Bevölkerung im erwerbsfähigen Alter im Zentrum, bei gleichzeitiger Stagnation und späterer Abnahme in der Peripherie.

Für Graz wird eine Zunahme der Bevölkerung im erwerbsfähigen Alter von etwa 10 % (2001 bis 2031) prognostiziert.

Rückgänge in ähnlicher Höhe betreffen dagegen die beiden peripheren steirischen Gebiete bis zum Prognoseende. Bis 2021 allerdings stagniert die Anzahl der Bevölkerung im erwerbsfähigen Alter in diesen Gebieten (siehe Abbildung 58).

Auch in Slowenien wird bis 2016 eine Stagnation erwartet, der nationale Rückgang wird bis Ende des Prognosezeitraums -20 % betragen. Auch hier kann die unterschiedliche Entwicklung von Zentrum und Peripherie vermutet werden.

Abbildung 58: Entwicklung der Bevölkerung im erwerbsfähigen Alter (15 bis 64) in den österreichischen LebMur-Regionen, Indexwerte: 2001 = 100

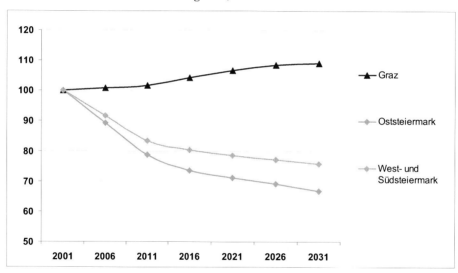

Quelle: ÖROK, Statistik Austria, Bevölkerungsprognose, eigene Darstellung JR-InTeReg.

4.2.3 Ältere Bevölkerung (60 plus)

> **Zu erwarten ist ein hohes Wachstum der älteren Bevölkerung in allen Regionen; der Südosten Österreichs ist tendenziell schwächer betroffen – der Verdichtungsraum Graz-Maribor bleibt vergleichsweise jung.**

Die ältere Bevölkerung (60 plus) wächst zwar auch in den drei österreichischen LebMur-Regionen, jedoch nicht so stark wie die jeweiligen Regionstypen. Insgesamt kann von einem Wachstum zwischen 60 und 66 % zwischen 2001 und 2031 ausgegangen werden. Da das Wachstum der älteren Bevölkerung in Slowenien (zwischen 2004 und 2031) auch in diesem Rahmen bleibt, folgt, dass die Region LebMur (kombiniert mit der starken Zunahme an jüngerer Bevölkerung in Graz und der erst später erwarteten Rückgängen der Bevölkerung im erwerbsfähigen Alter) insgesamt im Vergleich zu anderen Regionen doch relativ jung bleibt.

Abbildung 59: Entwicklung der älteren Bevölkerung (60 plus) in den österreichischen LebMur-Regionen; Indexwerte: 2001 = 100

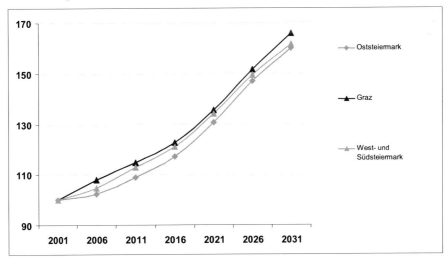

Quelle: ÖROK, Statistik Austria, Bevölkerungsprognose, JR-InTeReg.

4.1 ... IN BEZUG AUF DAS ARBEITSANGEBOT/ DIE PARTIZIPATIONSRATEN

> **Die österreichischen Regionen des Verdichtungsraums Graz-Maribor weisen anfänglich vergleichsweise niedrige Partizipationsraten auf, diese werden jedoch – vor allem durch die Zunahme im Zentralraum – bis Ende der Prognoseperiode aufschließen.**

Damit „gewinnt" die österreichische Region in zweifacher Hinsicht: Durch die „relative" Verjüngung steht potentiell mehr Arbeitskräfteangebot als in anderen Regionen zur Verfügung, eine höhere Teilnahmerate bedeutet eine bessere Ausnützung dieses Potentials.

Abbildung 60: Partizipationsratenprognose   nach Clustertypen (Erwerbspersonen ab 15 Jahren in Prozent der Bevölkerung von 15 bis 64 Jahren für die LebMur-Regionen

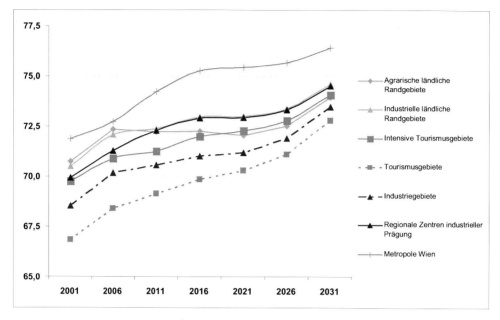

Quelle: ÖROK, Statistik Austria, Bevölkerungsprognose

Nachfolgend werden die Ergebnisse der Analyse tabellarisch dargestellt.

Tabelle 32: Ergebnisübersicht

Clusternummer	Homogenität	1	2	5	6
Clustertypen		Agrarisch ländliche Randgebiete	Industriell ländliche Randgebiete	Industriegebiete	Regionale Zentren industrieller Prägung
LebMur-Regionen		Oststeiermark	LEBMUR, (Podravska)	Süd- und Weststeiermark, (Koroška)	Graz
Demographie (2001 – 2031)					
Kinder und Jugendliche (bis 15)	Hoch	Starke Rückgänge - -33 % bis 2031! (Höhere Rückgänge bis 2011, dann Abflachung, jedoch kontinuierlich Sinken).	Sinkende Zahlen bis 2011, dann Stagnation bzw. leichte Steigerung. Insgesamt -9 %.	Entwicklungstrend verzerrt Entwicklung im Rheintal-Bodenseegebiet und im südl. NÖ. Tendenz jedoch stark sinkend (-23 %).	Einziger Cluster mit signifikanter Zunahme, etwa +6 % zwischen 2001 und 2031, bis 2016 jedoch sogar leichte Abnahme.
		Oststeiermark – wie Clustergruppe, stärkste Rückgänge unter allen LebMur-Regionen, -33 %.		West- Südsteiermark im oberen Gruppenschnitt, jedoch auch Verluste von -24 %	Bis 2011 annähernde Stagnation, dann rel. starkes Wachstum, insgesamt +9 %.
Bevölkerung im erwerbsfähigen Alter (15-64)	Relativ hoch – bis auf die Gruppe der Industriegebiete	Relativ hohe Rückgänge.	Im Gruppendurchschnitt Stagnation, gegen Ende der Periode Rückgang.	Relativ hohe Rückgänge unter allen Industriegebieten, nur zwei wachsen (NÖ-Süd und Rheintal-Bodensee).	Einziger Cluster mit signifikanter Zunahme der 15- bis 64-jährigen Bevölkerung.

Clusternummer	Homogenität	1	2	5	6
Clustertypen		Agrarisch ländliche Randgebiete	Industriell ländliche Randgebiete	Industriegebiete	Regionale Zentren industrieller Prägung
		Oststeiermark Leichte Zunahmen bis 2016 (etwa 2 %), dann jedoch starke Abnahme, insgesamt -12 % bis 2031 im Vergleich zu 2001.		WS-Steiermark: bis 2016 etwa Stagnation, dann rel. hohe Rückgänge: -11 % bis 2031 im Vergleich zu 2001.	Graz: Zunahme um 10 % 2001 bis 2031.
Ältere (60 plus)	Relativ hoch. Bis auf ländlich periphere Industriegebiete zu den ersten Prognoszeitpunkten.	Sehr hohes Wachstum der älteren Bevölkerung, drittstärkstes zu den ersten Prognoszeitpunkten. (+68 % im Prognosezeitraum)	Unterdurchschnittliche Zunahme der älteren Bevölkerung (+57 % zw. 2001 und 2031).	Zweitniedrigstes Wachstum der älteren Bevölkerung unter allen Clustertypen. (+53 %).	Sehr hohes Wachstum der älteren Bevölkerung, zweitstärkstes aller Typen. (+72 % im Prognosezeitraum).
		Oststeiermark jedoch unterdurchschnittlich +60 %.		West- u. Südstmk mit +62 % im Mittelfeld.	Graz weist von den drei regionalen Zentren das niedrigste Wachstum auf, mit +66 %, damit leicht überdurchschnittlich.
Partizipationsraten (Erwerbspersonen 15 plus/Bevölkerung im erwerbsfähigen Alter (15 bis 64)	Hoch. Bis auf Industriegebiete, da gibt es ein Nordwest/Südost Gefälle	Anfangs überdurchschnittliche PR, im Prognoszeitraum jedoch Angleichung.		Industriegebiete weisen im Durchschnitt die zweitniedrigste Partizipationsrate auf, wobei hier ein Nordwest/Südost-Gefälle vorliegt.	Die regionalen Zentren weisen am Beginn eine nur durchschnittliche PR von 70 % auf, verzeichnen dann jedoch stärkere Zunahmen.

Clusternummer	1	2	5	6
Clustertypen	Agrarisch ländliche Randgebiete	Industriell ländliche Randgebiete	Industriegebiete	Regionale Zentren industrieller Prägung
(Sektorale) Beschäftigungsprognose (2002 – 2025)	In der Oststeiermark Steigerung der PR von 71 % auf 74 % (2001 bis 2031).		WS Stmk: Steigerung von 69 % auf 73 % im Prognosezeitraum.	Graz am Anfang signifikant niedrigere PR, holt jedoch auf.
Im Produktionssektor (keine Homogenität!) — Nicht gegeben – da insbesondere in der SGE große Branchenunterschiede (wachsende und schrumpfende) – bei regionaler Spezialisierung unterschiedliche Betroffenheit vom Strukturwandel	Gewinnen im Durchschnitt an Beschäftigung im Produzierenden Sektor als regionaler einzige Gruppe. (+7%)	Im Clustervergleich hohe Beschäftigungsverluste von -15 %, bis auf eine Region sind alle Gruppenmitglieder von diesem Trend betroffen.	Im Clustervergleich hohe Beschäftigungsverluste von -15 %, jedoch hohe Schwankungen unter den Gruppenmitgliedern.	Auch hier im Gruppendurchschnitt ein Verlust von -13 % im Prognoszeitraum, stärker im Wr. Umland, Nordteil.
LebMur – AT bleibt eine Industrieregion	Oststeiermark hohe Zunahme von rund 9 % zwischen 2002 und 2025.		Entwicklung in SW-Stmk mit -15 % (02bis 25) im Gruppendurchschnitt.	Graz ist mit einem Rückgang von etwa -10 % weniger stark betroffen.

Homogenität

Clusternummer	6	5	2	1
Clustertypen	Regionale Zentren industrieller Prägung	Industriegebiete	Industriell ländliche Randgebiete	Agrarisch ländliche Randgebiete
Homogenität				
Dienstleistungssektor	In den regionalen Zentren an sich hohes und überdurchschnittliches Wachstum im DL-Sektor von 46 %	Unterdurchschnittliche Ausweitungen im DL-Sektor von nur 28 %, jedoch starke Differenzierung: tendenziell ein österreichisches West-Ost-Gefälle.	Durchschnittliche Ausweitungen.	Höchste Beschäftigungsausweitungen unter allen Clustern.
	In Graz deutlich geringere Beschäftigungsausweitungen im DL-Sektor prognostiziert (+33 %)	WS-Stmk. Ausnahme vom West-Ost Gefälle: stärkstes Beschäftigungswachstum im DL-Sektor von +58 %.		Oststeiermark: +60 %.

Beschäftigungsausweitungen im Dienstleistungssektor vor allem in den nicht-urbanen Teilen österreichischen LebMur überdurchschnittlich. Ausweitungen in Graz „nur durchschnittlich", weiten nicht so stark aus wie andere regionale Zentren.

Bibliographie

Aumayr, Ch. (2006), *Eine Region im europäischen Vergleich*, Zukunftsszenarien für den Verdichtungsraum Graz Maribor, (LebMur), Teil A2, JOANNEUM RESEARCH-InTeReg, Working Paper Nr. 32.

Höhenberger, N., Kirschner E., Prettenthaler, F. (2007), *Die Szenarien – die Ergebnisse im Detail*, Zukunftsszenarien für den Verdichtungsraum Graz-Maribor (LebMur), Teil C3, JOANNEUM RESEARCH-InTeReg, Working Paper Nr. 42.

Kirschner, E., Prettenthaler, F. (2006), *Ein Portrait der Region*, Zukunftsszenarien für den Verdichtungsraum Graz -Maribor (LebMur), Teil A1, JOANNEUM RESEARCH-InTeReg, Working Paper Nr. 33.

Prettenthaler, F., Höhenberger, N., Kirschner E. (2007), *Die Synthese*, Zukunftsszenarien für den Verdichtungsraum Graz -Maribor (LebMur), Teil C1, JOANNEUM RESEARCH-InTeReg, Working Paper Nr. 41.

Prettenthaler, F., Höhenberger, N. (2007), *Die Szenarien – der Prozess*, Zukunftsszenarien für den Verdichtungsraum Graz -Maribor (LebMur), Teil C2, JOANNEUM RESEARCH-InTeReg, Working Paper Nr. 42.

Datenquellen

Statistik Austria/ÖROK (2006), *Aktualisierung der regionalisierten ÖROK - Bevölkerungs-, Erwerbstätigen- und Haushaltsprognose 2001 bis 2031* - Teil 1: Bevölkerung und Arbeitskräfte - Endfassung des Arbeitsberichtes, http://www.oerok.gv.at/, 12.06.2006.

SI-STAT Dataportal (2006), *Statistical office of the Republic of Slovenia*, http://www.stat.si/eng/index.asp.

WIBIS Steiermark, http://www.wibis-steiermark.at/show_page.php?pid=318.

TEIL A1:

ANHANG

English Abstracts

The current book is the first volume in a series of three, treating long-term scenarios for the agglomeration region of Graz-Maribor based on a detailed analysis of 3 Styrian and 3 Slovenian regions at NUTS 3 level.

Part A includes a description of the current status quo of the region and a detailed economic analysis of the cross-border agglomeration, also in comparison to all other European regions. In part B the legal and policy framework for economic and regional development at the European, national and regional level is broadly investigated and the methods of long term scenario building and regional foresight are presented. This is to set the scene for the concluding part C *"Thinking the Future"* which presents the 3 main scenarios for the region.

PART A1, KIRSCHNER, E., PRETTENTHALER, F. (2006A), A PORTRAIT OF THE REGION

As a precondition for cross-border regional foresight, it is absolutely essential to be fully aware of the economic, social and demographical situation of the analyzed regions. In total more than 1,3 million inhabitants live in the regions of the *Agglomeration Graz-Maribor* (LebMur). The gross domestic product of that cross-border region amounts to more than 25,5 billion €. The GDP per capita of the region is equivalent to 87 % of the EU-25 average. The analyses summarize the most relevant data in the following categories:

- **People**: While Graz, as a regional centre, was able to increase its number of inhabitants substantially, some rural northern Slovenian regions are facing an exodus of inhabitants. Significant disparities were as well found in the field of unemployment; joblessness is especially a "young, female and Slovenian" problem.

- **Environment**: The accessibility of the *Agglomeration Graz-Maribor* is, compared to other European regions, below average. The environmental pollution in means of PM 10 is considerably above average. Within the German speaking area, Graz recorded the second highest number of days on which the permissible level for those emissions was exceeded.

- **Economy**: The economic power of Graz dominates the agglomeration; half of the GDP of the entire region is generated here. Nevertheless, the Slovenian regions are catching up, in particular Maribor and its nearby municipalities.

- Within the cross sectoral area of **tourism** increasing competition between the Styrian and Slovenian regions was observed – the growth rates in numbers of overnight stays in Podravska and Pomurska are the highest of all regions.

Despite the considerable national, but also regional disparities, the relative strength of the Styrian regions in the industrial sector and the relative Slovenian advantages in the field of services indicate a rather complementary picture of the whole agglomeration.

PART A2, AUMAYR, CH. (2006A), A EUROPEAN COMPARISON

The development of Finnish regions is often cited as a best practice example. This paper analyses to what extent economic development and structural change in Finnish regions differed from the Styrian development in selected NUTS 3 and NUTS 2 regions. A shift share analysis of gross value added on the level NUTS 2 shows that all analyzed Finnish regions are specialized in European growth industries, and that these industries did develop extraordinarily well in Finland. Styria (and Austria) are less specialized in European growth industries, but Styria assembles the national growth industries, and developed above average despite the negative structural effect.

PART A3, AUMAYR, CH. (2006B), ON THE REGION'S STRUCTURAL CHANGE

The development of Finnish regions is often cited as a best practice example. This paper analyses to what extent economic development and structural change in Finnish regions differed from the Styrian development in selected NUTS 3 and NUTS 2 regions. A shift share analysis of gross value added on the level NUTS 2 shows that all analyzed Finnish regions are specialized in European growth industries, and that these industries did develop extraordinarily well in Finland. Styria (and Austria) are less specialized in European growth industries, but Styria assembles the national growth industries, and developed above average despite the negative structural effect.

PART A4, AUMAYR, CH., KIRSCHNER, E. (2006), HYPOTHESES CONCERNING FUTURE DEVELOPMENT

This paper formulates hypothetical statements regarding the future development of the LebMur region, by analyzing existing regional forecasts until 2030. LebMur will show a demographic process of concentration of the younger population (including the youngest population as well as population of working age) in the urban areas and regional centres. All of the Austrian region types will experience high growth of the elderly population, but as the South-Eastern Austrian regions are generally less affected, the region LebMur will remain comparatively young. Work participation in the Austrian LebMur regions is currently quite low, but will continuously catch up. As a result, the region profits twice: due to the relative juvenescence in comparison to other regions, it obtains a larger potential labour force, which it makes use of more intensely as compared to today by a higher rate of participation. The Styrian LebMur regions will experience comparatively low growth of employment in the tertiary sector, and will henceforth remain to be an industrial type region. Especially Graz will remain to be a regional centre of the industrial type.

Slovenski abstrakti

Knjiga predstavlja prvi del trodelne knjižne zbirke, ki se ukvarja z dolgoročnimi scenariji aglomeracijskega območja Graz-Maribor, ki temeljijo na detajlirani raziskavi 3 štajerskih in 3 slovenskih regij v NUTS 3. Del A prikazuje status quo območja ter specificirano regionalno ekonomsko analizo prekomejnega aglomeracijskega območja – tudi v primerjavi s stanji v drugih evropskih državah. Sledeči del B obravnava obširno analizo okvirnih pogojev za gospodarki in prostorski razvoj na evropski, nacionalni in regionalni ravni. V delu C (»Misliti na bodočnost«), ki zajema 3 glavne scenarije, so navedeni primeri prekomejnih procesov foresight in metode za izdelavo scenarijev.

DEL A1, KIRSCHNER, E., PRETTENTHALER, F. (2006A), AGLOMERACIJSKO OBMOČJE GRAZ-MARIBOR (LEBMUR)

Nujni predpogoj za izvajanje prekomejnega regionalnega projekta *foresight* so podatki o gospodarski, demografski in socialni situaciji raziskovalnega območja. Več kot 1,3 milijonov prebivalcev živi v regijah aglomeracijskega območja, kjer znaša BDP več kot 25,5 milijard evrov. BDP na prebivalca ustreza 87 % povprečja EU-25. Raziskava temelji na najpomembnješih podatkih sledečih kategorij:

- **Prebivalstvo**: V Gradcu, ki deluje kot regionalni center, se je število prebivalcev zvišalo, medtem ko doživljajo kraji v Sloveniji eksodus populacije. Signifikantne razlike se prikažejo tudi na področju brezposelnosti, predvsem pri mladih ženskah v Sloveniji.

- **Narava**: Dosegljivost aglomeracijskega območja Graz-Maribor je v primerjavi z EU podpovprečno nizka. Po drugi strani predstavlja osnaževanje narave zaradi delcev PM 10 v EU-povprečju velik problem. Število dni s preseženo dnevno mejno koncentracijo PM 10 je bilo v Grazu v primerjavi z ostalim nemškogovorečim območjem drugo najvišje.

- **Gospodarstvo**: Zaradi aglomeracije leži ekonomska moč v Gradcu, ki doseže v primerjavi s celotno regijo polovico BDPja. Opazimo tudi naraščanje BDPja v Mariboru.

Na področju turizma opazimo, da so avstrijska Štajerska in Slovenija konkurenčne regije – največja rast pri prenočitvah je zabeležena v Podravski in Pomurski regiji.

Območji se medseboj dopolnjujeta, čeprav naletimo na razlike med regijami, vsaj je avstrijska Štajerska predvsem razvita na industrijskem področju, medtem ko je relativna prednost Slovenije storitveni sektor.

DEL A2, AUMAYR, CH. (2006A), AGLOMERACIJSKO OBMOČJE GRAZ-MARIBOR (LEBMUR) V PRIMERJAVI Z EU

Analiza kaže primerjavo šestih regij LebMur (Nuts 3) z regijami EU, ki imajo podobne ekonomske in geografske značilnosti, predvsem glede na dosegljivost. Iz vidika EU je regija LebMur industrijski predel z širšo industrijsko periferijo. Prekomejna okolica je istega regionalnega značaja: industrijski zahodni del dopolnjuje vzhodno podeželsko območje. Dosegljivost (glede BDPja, populacije in zaposlitve) je izrazito nizka v primerjavi z zahodnim povprečjem podobnih regij LebMur in centrom Gradca. Benchmarking kaže nadpovprečno sektoralno produktivnost v industrijskem območju in podpovprečno nizko produktivnost pri storitvah v regijah avstrijske Štajerske – obratno velja za slovenske regije.

DEL A3, AUMAYR, CH. (2006B),STRUKTURNE SPREMEMBE OBMOČJA: FINSKA V PRIMERJAVI S SLOVENSKIMI REGIJAMI V OKVIRU PROJEKTA LEBMUR

Razvoj finskih regij mnogokrat služi kot primer najboljše prakse (best practice). Paper analizira razlike v gospodarskem in strukturnem razvoju med finskimi regijami in Štajersko v določenih NUTS 3 in NUTS 2 regijah. Shift share analiza bruto vrednosti NUTS 2 prikaže, da so vse finske regije specializirane na področju hitro naraščajočih industrij, ki so se bile posebno uspešne na Finskem. Specializacija Štajerske (in Avstrije) v hitro naraščajoče industrije je manj izrazita, vendar je razvoj Štajerske nadpovprečen in neodvisen od negativnega strukturnega razvoja.

DEL 4, AUMAYR, CH., KIRSCHNER, E. (2006), FORMULACIJA HIPOTEZ ZA BODOČI RAZVOJ

Cilj raziskave je formulacija hipotez za bodoči razvoj regije LebMur in analiza regionalnih prognoz do 2030. Demografski proces v regiji LebMur kaže na to, da bo se koncentracija mlade populacije (od najmlajših do delovne populacije) povečala v mestnih območjih. Število starajoče populacije se bo v vseh avstrijskih regionalnih enotah povišalo. Ker ta trend ne velja za južno-vzhodni predel Avstrije, bo ostala populacija v regijah LebMur relativno mlada. Delež delovne populacije v avstrijskih regijah LebMur je še relativno nizek, vendar bo naraščal. Regije bodo dvojno profitirale: zaradi relativno mlade populacije se zviša delovni potencial, kar ustreza tudi relativnemu zvišanju deleža delovne populacije. Za štajerske regije LebMur bo značilna relativno nizka rast zaposlitve pri storitvah in nadaljni razvoj industrije – posebno bo ostalo mesto Gradec se naprej industrijsko območje.

INDEX

K

L

M

N

O

P

R

S

T

U

V

W

Franz PRETTENTHALER (Hg.)

Zukunftsszenarien für den Verdichtungsraum Graz-Maribor (LebMur)

Teil A: Zum Status quo der Region
Teil B: Rahmenbedingungen & Methoden
Teil C: Die Zukunft denken

Setangebot
Teil A + Teil B + Teil C
(**ISBN** 978-3-7001-3913-3):
EUR 69,--

2007, 26,7x18,9cm,
broschiert,

Teil A 199 Seiten
mit zahlr. Farbabb.,
ISBN 978-3-7001-3893-8,
EUR 29,--

2007, 26,7x18,9cm,
broschiert,

Teil B 199 Seiten
mit zahlr. Farbabb.,
ISBN 978-3-7001-3911-9,
EUR 29,--

2007, 26,7x18,9cm,
broschiert,

Teil C ca. 180 Seiten
mit zahlr. Farbabb.,
ISBN 978-3-7001-3912-6,
EUR 29,--

Franz Prettenthaler
ist Leiter des Standorts
Graz des Instituts
für Technologie- und
Regionalpolitik von
Joanneum Research

Das vorliegende dreibändige Werk widmet sich langfristigen Zukunftsszenarien für den Verdichtungsraum Graz-Maribor, wobei je 3 steirische und 3 slowenische Regionen auf der Ebene NUTS 3 im Detail
untersucht werden.

Dem Teil A, der dem *Status quo der Region* gewidmet ist und eine
detaillierte regionalökonomische Analyse des grenzüberschreitenden
Verdichtungsraumes auch im europäischen Vergleich unternimmt
folgt im Teil B *Rahmenbedingungen und Methoden* eine umfassen-
de Darstellung der Rahmenbedingungen für die räumliche und wirtschaftliche Entwicklung auf europäischer, nationaler und regionaler
Ebene. Die Darstellung der Methoden zur Generierung von Zukunftsszenarien bzw. Beispiele solcher grenzüberschreitender Regional
Foresight Prozesse bereiten schließlich das Verständnis für den Teil
C *Die Zukunft denken* in welchem die drei Hauptszenarien für diesen
grenzüberschreitenden Raum vorgestellt werden.

**Verlag der
Österreichischen
Akademie der
Wissenschaften
Austrian Academy
of Sciences Press**

A-1011 Wien
Postfach 471
Postgasse 7/4

Tel. +43-1-515 81/
DW 3402-3406,
Tel. +43-1-512 9050,
Fax +43-1-515 81/
DW 3400; e-mail:
verlag@oeaw.ac.at

Verlag der
Österreichischen Akademie
der Wissenschaften

ÖAW

Franz PRETTENTHALER (Hg.)

Zukunftsszenarien für den Verdichtungsraum Graz-Maribor (LebMur)
Teil A: Zum Status quo der Region **ISBN** 978-3-7001-3893-8, EUR 29,--
Teil B: Rahmenbedingungen & Methoden **ISBN** 978-3-7001-3911-9, EUR 29,--
Teil C: Die Zukunft denken **ISBN** 978-3-7001-3912-6, EUR 29,--
Setangebot Teil A + Teil B + Teil C (**ISBN** 978-3-7001-3913-3): EUR 69,--

Send or fax to your local bookseller or to:

Verlag der Österreichischen Akademie der Wissenschaften
Austrian Academy of Sciences Press

A-1011 Wien, Postfach/P.O.Box 471, Postg. 7, Tel. +43-1-515 81/DW 3402-3406, +43-1-512 9050,
Fax +43-1-515 81/DW 3400, e-mail: verlag@oeaw.ac.at
UID-Nr.: ATU 16251605, FN 71839x Handelsgericht Wien, DVR: 0096385

Bitte senden Sie mir
Please send me
☐ **Ex.** des Buches: „A" **ISBN** 978-3-7001-3893-8 *Zum Status quo der Region*
copy(ies) of the book "A" **ISBN** 978-3-7001-3893-8 *Zum Status quo der Region*

Bitte senden Sie mir
Please send me
☐ **Ex.**des Buches: „B" **ISBN** 978-3-7001-3911-9 *Rahmenbedingungen und Methoden*
copy(ies) of the book "B" **ISBN** 978-3-7001-3911-9 *Rahmenbedingungen und Methoden*

Bitte senden Sie mir
Please send me
☐ **Ex.** des Buches: „C" **ISBN** 978-3-7001-3912-6 *Die Zukunft denken*
copy(ies) of the book "C" **ISBN** 978-3-7001-3912-6 *Die Zukunft denken*

Bitte senden Sie mir
Please send me
☐ **Ex.** des Setangebotes: „A+B+C" **ISBN** 978-3-7001-3913-3
copy(ies) of the set overleaf: "A+B+C" **ISBN** 978-3-7001-3913-3

NAME

ADRESSE/ADDRESS

ORT/CITY

LAND/COUNTRY

ZAHLUNGSMETHODE/METHOD OF PAYMENT
☐ Visa   ☐ Euro/Master   ☐ American Express

Nr.: I I I I I   I I I I I   I I I I I   I I I I I
Ablaufdatum/*Expiry date:* _____
☐ I will send a cheque
☐ Senden Sie mir Ihre Vorausrechnung/Send me a proforma invoice

----
DATUM, UNTERSCHRIFT/DATE, SIGNATURE

Bankverbindung: Bank Austria Creditanstalt, Wien (IBAN AT04 1100 0006 2280 0100, BIC BKAUATWW, BLZ 11000),
Konto-Nr. 0062-28001/00, Bawag/Österreichisches Postsparkasse, Wien
(IBAN AT976000000002365011, BIC OPSKATWW, BLZ 60000), Konto-Nr. 2365.011, Deutsche Bank München
(IBAN DE16 7007 0024 0238 8270 00, BIC DEUTDEDBMUC, BLZ 70070010), Konto-Nr. 2388270

Verlag der
Österreichischen Akademie
der Wissenschaften

ÖAW

Franz PRETTENTHALER - Andreas DALLA-VIA (Hg.)

Wasser & Wirtschaft im Klimawandel

Konkrete Ergebnisse am Beispiel der sensiblen Region Oststeiermark

2007, 200 Seiten,
broschiert, zahlreiche
Farbabbildungen,
26,7x18,9cm, Studien zum
Klimawandel in Österreich
ISBN 978-3-7001-3892-1
EUR 29,--

Franz Prettenthaler
ist Leiter des Standorts
Graz des Instituts
für Technologie- und
Regionalpolitik von
Joanneum Research

Andreas Dalla-Via
ist wissenschaftlicher
Mitarbeiter am Institut für
Wasserressourcenman
agement von Joanneum
Research

Auch wenn der Wasserreichtum Österreichs von seinen Bewohnern nahezu als Teil der eigenen nationalen Identität begriffen wird und etwa nur rund 3% des Wasserdargebotes genutzt werden: Es gibt starke regionale Unterschiede im Hinblick auf die Verwundbarkeit der lokalen Wasserversorgung durch Schwankungen in der Niederschlagsmenge und durch andere, dem globalen Klimawandel unterworfene Parameter. So fehlen etwa Teilen Niederösterreichs, des Burgenlandes sowie der Oststeiermark jene mächtigen quartären Kiesablagerungen der großen fluvioglazialen Tallandschaften (Murtal, Drautal, Donautal), die als hervorragende Grundwasserleiter bekannt sind. Einige dieser Gebiete weisen zudem im langjährigen Mittel kaum einen Überschuss des Niederschlags gegenüber der Verdunstung auf und sind als „wasserarme Gebiete" zu kennzeichnen. Wenn sich in solchen Gebieten dann intensive wirtschaftliche Wachstumsprozesse speziell in wasserintensiven Branchen abspielen, steht die Wasserversorgung vor ernsthaften Herausforderungen und der prognostizierte Klimawandel muss als konkrete Bedrohung der weiteren sozio-ökonomischen Entwicklung einer Region und seiner Bewohner begriffen werden: Das vorliegende Buch untersucht diese Problematik anhand einer konkreten Region. Die Oststeiermark mit ihren rund 300.000 Einwohnerinnen und Einwohnern, einem boomenden Thermentourismus und insgesamt hoher wirtschaftlicher Dynamik kann als Paradefall für die ökonomische Bedeutung des Klimawandels dienen: Unsere Gesellschaft braucht neben entschiedenen Maßnahmen gegen die Klimaerwärmung auch eine vorausschauende Politik der Anpassung an die sich deutlich abzeichnenden Veränderungen. Der Bewertung unterschiedlicher Möglichkeiten, die Ressource Wasser als Grundlage für Leben und Wirtschaft in der Oststeiermark zu sichern, ist dieses Buch gewidmet.

To order a copy of this book

**Verlag der
Österreichischen
Akademie der
Wissenschaften
Austrian Academy
of Sciences Press**

A-1011 Wien
Postfach 471
Postgasse 7/4

Tel. +43-1-515 81/
DW 3402-3406,
Tel. +43-1-512 9050,
Fax +43-1-515 81/
DW 3400; e-mail:
verlag@oeaw.ac.at

Verlag der
Österreichischen Akademie
der Wissenschaften

OAW

Franz PRETTENTHALER -
Andreas DALLA-VIA (Hg.)
Wasser & Wirtschaft im Klimawandel
Konkrete Ergebnisse am Beispiel
der sensiblen Region Oststeiermark
ISBN 978-3-7001-3892-1
EUR 29,--

Send or fax to your local bookseller or to:

Verlag der Österreichischen Akademie der Wissenschaften
Austrian Academy of Sciences Press

A-1011 Wien, Postfach/P.O.Box 471, Postg. 7, Tel. +43-1-515 81/DW 3402-3406, +43-1-512 9050,
Fax +43-1-515 81/DW 3400, e-mail: verlag@oeaw.ac.at
UID-Nr.: ATU 16251605, FN 71839x Handelsgericht Wien, DVR: 0096385

Bitte senden Sie mir ☐ **Ex. des auf der Vorderseite angegebenen Buches**
Please send me **copy(ies) of the book overleaf**

NAME

ADRESSE/ADDRESS

ORT/CITY

LAND/COUNTRY

ZAHLUNGSMETHODE/METHOD OF PAYMENT
☐ Visa ☐ Euro/Master ☐ American Express

Nr.: | | | | | | | | | | | | | | | | | | | |
Ablaufdatum/*Expiry date:* _____
☐ I will send a cheque
☐ Senden Sie mir Ihre Vorausrechnung/Send me a proforma invoice

----
DATUM, UNTERSCHRIFT/DATE, SIGNATURE

Bankverbindung: Bank Austria Creditanstalt, Wien (IBAN AT04 1100 0006 2280 0100, BIC BKAUATWW, BLZ 11000),
Konto-Nr. 0062-28001/00, Bawag/Österreichisches Postsparkasse, Wien
(IBAN AT976000000002365011, BIC OPSKATWW, BLZ 60000), Konto-Nr. 2365.011, Deutsche Bank München
(IBAN DE16 7007 0024 0238 8270 00, BIC DEUTDEDBMUC, BLZ 70070010), Konto-Nr. 2388270

Verlag der
Österreichischen Akademie
der Wissenschaften
ÖAW